KB149452

이제는
부모를
버려야 한다

옮긴이 김나랑

전문 번역가. 고려대학교 일어일문학과를 졸업했다. 기업과 교육기관에서 일하다 현재는 일본 책을 국내에 소개하고 번역하는 일을 하고 있다. 옮긴 책으로 《사이토 다카시의 진정한 학력》, 《빨간모자와 늑대의 트라우마 케어》, 《푸니쿨리 푸니쿨라》, 《대자연과 컬러풀한 거리, 아이슬란드》 등이 있다.

이제는 부모를 버려야 한다
고령화 시대, 새로운 관계의 설정

초판 1쇄 발행 2018년 5월 8일
초판 2쇄 발행 2018년 8월 1일

지은이 시마다 히로미
옮긴이 김나랑
펴낸이 류수노
펴낸곳 (사)한국방송통신대학교출판문화원
　　　　 03088 서울시 종로구 이화장길 54
　　　　 전화 1644-1232
　　　　 팩스 02-741-4570
　　　　 홈페이지 http://press.knou.ac.kr
　　　　 출판등록 1982년 6월 7일 제1-491호

출판위원장 장종수
편집 박혜원·김준영
디자인 김민정

ISBN 978-89-20-03026-0 (03330)
값 14,000원

※ 잘못 만들어진 책은 바꾸어 드립니다.

Original Japanese Title: MOU OYAWO SUTERU SHIKA NAI
@2016 Hiromi Shimada
Original Japanese edition published by Gentosha Inc.
Korean translation rights arranged with Gentosha Inc.
through The English Agency (Japan) Ltd. and Eric Yang Agency Inc.

이제는
부모를
버려야 한다

고령화 시대, 새로운 관계의 설정

시마다 히로미 지음 | 김나랑 옮김

선택의 기로

이 사건에서는 딸이 오히려 성심성의껏 효를 실천했기 때문에 부모를 죽음으로 몰고 갔다고 볼 수 있다. 모든 것을 바친 효행이 부모의 죽음을 초래한 셈이다. 다른 .대안은 없었을까? 딸의 입장에서는 부모를 버리면 될 일이었다.

부모를 버려야 하는 시대다. 상황이 심각하다. 잇따라 발생하는 사건과 사고가 문제의 심각성을 뒷받침한다. 일례로 '도네가와 신주'라고 불리는 사건을 살펴보자.

2015년 11월 22일, 군마현에 사는 78세 남성이 취미로 오리 사냥을 하러 도네가와강에 갔을 때의 일이다. 남성은 백발에 흰옷을 입은 여성이 고개를 옆으로 돌린 채 강 위에 떠 있는 모습을 목격하고 즉시 경찰에 신고했다. 시체의 신원은 도네가와강에서 약 7킬로미터 떨어진 사이타마현 후카야시에 살던 81세 여성이었다. 시체 옆에는 그 여성의 47세 되는 셋째 딸이 주저앉아 있었다. 셋째 딸은 저체온증 상태였으나 병원으로 옮겨져 목숨에는 지장이 없었다.

얼마 후 여성의 남편도 그곳으로부터 300미터 상류에서 시체로 발견됐다. 남편은 74세였다. 이에 따라 사이타마현 경찰은 셋째 딸을 모친 살인 및 부친 자살 방조 혐의로 체포했다. 셋째 딸은 그날 새벽, 경자동차에 부모를 태우고 도네가와강으로 뛰어들어 동반 자살을 꾀했던 것이다. 셋째 딸은 용의를 인정하며 "치매에 걸린 어머니를 간병하느라 지쳤다. 저금도 연금도 바닥났다. 지병으로 거동이 불편한 아버지가 다 같이 죽자기에 동반 자살을 하려고 했다"라고 진술했다.

삼녀 중 독신인 셋째 딸은 부모님과 한집에서 살았다. 그런데 10여 년 전 어머니가 지주막하출혈로 쓰러진 뒤 건강이 악화되고 치매 증상이 나타났다. 셋째 딸은 5년 전까지 과자점에서 근무하다가 어머니를 돌보기 위해 그만두고 간병에 전념했다. 아버지는 30년 전부터 신문 판매점에서 일했으나 척추 신경에 질환이 생겨 사건 발생 열흘 전에 그만두었다. 다만 이 가족은 생활보호를 신청하여 당일 수리되었다는 점으로 미루어 보아 동반 자살을 한 원인이 경제적인 문제만은 아니었으리라고 추측된다. 일을 하지 못하게 된 아버지가 미래를 비관하며 동반 자살을 제안했고 간병에 시달리던 딸이 그 제안에 동의한 것으로 보인다.

이 사건은 몇몇 TV 뉴스와 신문에서 보도되었지만 간략하게 언급되는 수준에 그쳤으며, 그 후에도 별다른 화제를 모으지 못했다. 사건 발생 다음 주에 나는 각 주간지에서 이 사건을 앞다퉈 보도하리라고 예상했으나 실제로 크게 다룬 곳은 《주간 아사히》뿐이었다. 그마저도 '하류 노인의 비극'이라는 주제에 초점을 맞춰 기사 마지막은 베스트셀러 《2020 하류노인이 온다》의 저자 후지타 다카노리의 논평으로 마무리되었다. 《2020 하류노인이 온다》는 《주간 아사히》를 간행하는 아사히신문 출판사에서 나온 책으로 결국 책을 광고하기 위해 비교적 자세히 사건을 보도한 셈이다.

요컨대 세상은 도네가와 신주 사건에 별다른 관심을 보이지 않았다는 말이다. 그 이유는 이 사건의 중요도가 낮아서가 아니다. 오히려 무엇보다 중요한 사건이지만 비슷한 일이 너무 빈번하게 발생하고 있기 때문에, 더욱이 해결의 실마리가 보이지 않기 때문에 세상은 애써 눈을 돌리고 있는 것이다.

이 사건을 보도한 《사이타마신문》의 기사(12월 1일 자)를 보면, 한 70대 이웃 여성이 그 가족과 평소에 인사를 하고 지냈는데도 생활고에 시달리는지는 전혀 몰랐다고 진술했다. 또한 "사이가 좋고 서로 돕고 사는 착한 가족이었다. 남의 손을 빌리지 않고 어떻게든 해보려다가 일이 그렇게 된 것 아닐까"라는 소감을 밝혔다고 한다. 보도에서는 동반 자살이라고 표현했지만 셋째 딸은 살인 혐의로 체포됐다. 딱한 사정을 고려하여 관대한 판결이 내려질 가능성도 있으나 그녀가 부모를 죽게 했다는 사실은 부인할 수 없다. 셋째 딸은 살인자, 그것도 친부모를 죽인 살인자가 된 것이다.

20세기 초반에 제정된 메이지 형법에는 '존속 살인'의 규정이 있었다. 존속 살인의 경우, 일반 살인죄가 아닌 존속 살인죄를 적용하여 무기징역 또는 사형이라는 중형에 처했다. 이 규정은 1973년 위헌이라는 최고재판소의 판결이 내려진 후 1995년에 폐지되었으나, 존속 살인의 규정이 유효했던 시대라면 셋째 딸이 저지른 행위는 통상적인 살인 이상의 중죄에 해당한다. 존속 살인 규정이 시행된 배경은 부모에게 효를 실천해야 한다는 유교적 도덕관념이 과거 사회에 뿌리 깊게 박혀 있었기 때문이다. 존속 살인은 효의 관념에 어긋나는 중대하고 반도덕적인 행위로 간주되었다.

그러나 이 사건에서는 셋째 딸이 오히려 성심성의껏 효를 실천했기 때문에 부모를 죽음으로 몰고 갔다고 볼 수 있다. 즉, 모든 것을 바친 효행이 부모의 죽음을 초래한 셈이다. 그렇다면 다른 대안은 없었을까? 셋째 딸의 입장에서는 부모를 버리면 될 일이었다. 이런 말을 하면 "몹쓸 소리를 한다"라고 손가락질 받을지도 모른다. 부모를 버리는 행위는 사람의 도리에 어긋난다고 여겨지기 때문이다.

그런데 만약 이 사건에서 노부부를 간병하는 자녀가 없었다면 어땠을지 생각해 보자. 실제로 그런 경우는 얼마든지 있다. 예를 들면 남편이 치매에 걸린 아내를 간병하는 경우다. 이때도 힘에 부친

이제는 부모를 버려야 한다

남편이 아내를 살해하거나 동반 자살을 할 가능성이 있다. 그러나 고령자 부부 두 사람만 사는 가구였다면, 주위에서 좀 더 빨리 어려운 상황을 파악하여 생활보호를 비롯한 일종의 조치가 이루어졌을지도 모른다. 적어도 자녀가 없었다면, 혹은 자녀가 부모를 봉양하지 않았다면, 그 자녀가 살인까지 저지르는 일은 발생하지 않았을 것이다.

결국 부모를 버리는 방법밖에는 해결책이 없는 것 아닐까. 살인이나 동반 자살을 저지르지 않았더라도 세상에는 간병으로 인생을 허비하고 희생당하는 사람이 무수히 존재한다. '간병 퇴직'이라는 신조어가 생길 정도로 간병 때문에 일을 포기해야 하는 사람이 수두룩하다. 퇴직을 하면 수입이 끊기기 때문에 이는 필연적으로 비극을 초래한다. 간병으로 인한 비극을 겪지 않으려면 이제 부모를 버릴 수밖에 없다.

지금, 우리는 중요한 선택의 기로에 서 있다.

차례

제3장 부모 자식 간 유대의 함정

제4장 부모가 먼저 자녀를 버려야 한다

제5장 우리에게 99세 노인의 자살을 막을 자격이 있는가

제6장 이제 효도할 이유도 여력도 없다

제1장

효도하는 자녀가
부모를 죽인다

부모를 버리면 간병 살인을 저지를 필요가 없다. 부모도 인생의 마지막에 살해당할 일이 없고 평생 범죄와는 무관했던 자녀가 살인자가 될 일도 없다. 살인을 할 바에야 부모를 버리는 편이 낫다. 부모 역시 이를 각오해야 한다.

17년간 672건!
간병 살인이 주목받지 못하는 이유

머리말에서 '도네가와 신주'라는 사건에 관해 소개했다. 비참한 사건인데도 사회적으로는 그다지 주목받지 못했다. 그런데 조사를 진행하던 중 작가 아마미야 가린이 사건 다음 달인 2015년 12월에 현지를 방문하여 관계자를 취재한 기사를 발견했다. 기사의 제목은 〈도네가와 간병 동반 자살 미수 사건 - "사실은 생활보호 따위 받고 싶지 않았다"〉로, 기사에 따르면 시청의 생활보호 담당자는 수감된 셋째 딸과 면회할 당시, "난 사실은 생활보호 따위 받고 싶지 않았다"라고 불쑥 내뱉는 소리를 들었다고 한다. 기사의 부제는 그 말을 인용한 것이다.

생활이 몹시 궁핍한데도 셋째 딸에게는 자존심이 있었다. 어쩌면 그 자존심이 셋째 딸을 더욱 궁지로 몰았는지도 모른다. 참으로 안타까운 사건이다. 하지만 아마미야 가린의 기사 외에는 사건을 추적하는 기사가 없었고, 어느새 사람들의 머릿속에서 잊혀 갔다.

이 사건은 왜 세상의 관심을 받지 못했을까. 이유는 간단하다. 비슷한 종류의 사건이 빈번히 발생하고 있기 때문이다. 도네가와 신주 사건이 발생하기 5개월 전인 2015년 6월 21일, 사단법인 일본 케어러 연맹의 주최로 '케어러carer(가족 등의 무상 간병인) 지원 포럼'이 열렸다. 포럼의 주제는 "그게 나았을지도 모른다 - 간병 살인, 케어러의 인권, 간병인의 지원"이었다. 이 포럼에서 기조연설을 맡은 유하라 에쓰코 일본복지대학 교수는 과거 17년간 간병 살인이 적어도 672건 발생한 사실을 지적했다.

여기서 말하는 간병 살인이란 피해자가 60세 이상이고 가족에게 살해당한 경우에 한한다. 단순하게 계산하면 간병 살인은 1년간 약 40건 발생하고 있는 셈이다. 살인 동기의 대다수는 간병으로 인한 피로와 장래에 대한 비관이었다. 더욱이 담당 복지사와 양호한 관계를 유지하는 가운데 발생한 사례도 많았다.

유하라 교수는 "가해자에게는 당시에 성의껏 간병했다는 자부심이 있다. 어째서 궁지에 몰렸는지 복지의 측면에서 사건을 검증할 필요가 있다"라고 주장한다(《복지신문》, 2015년 6월 30일 자). 이때 유하라 교수가 가리키는 '자부심'은 도네가와 신주 사건의 셋째 딸이 내뱉은 "난 사실은 생활보호 따위 받고 싶지 않았다"라는 말과 일맥상통한 면이 있다.

줄어드는 살인 사건,
늘어나는 간병 살인

연간 간병 살인이 40건이라는 말은 열흘에 한 번꼴로 발생한다는 뜻인데, 이는 전체 살인 사건 발생률과 비교하면 상당한 숫자다. 참고로 일본에서 2013년에 발생한 살인 사건은 342건이었다. 예상보다 적다고 생각하는 독자도 있을 것이다. 그런데 그중 10분의 1 이상이 간병 살인이었다면 어떤가.

현재 일본의 살인 건수 자체는 감소하고 있다. 제2차 세계대전 이후 살인이 가장 많이 발생했던 해는 1955년으로 총 2,119건이었다. 하루에 약 여섯 건꼴이다. 그러다가 1987년에 처음 1,000건 아래로 떨어진 후로는 계속 줄어드는 추세다. 현재는 하루에 한 건 미만으로 발생하고 있으며 아마 앞으로도 감소하리라고 예상된다. 그런 가운데 간병 살인은 비교적 높은 비율로 증가하고 있다. 만약 간병 살인을 원천적으로 막을 수 있다면 연간 살인 건수는 300건 이하로 떨어질 것이다.

잡지 《사피오SAPIO》 2015년 1월 호에 실린 〈가족 간의 살인 증가 – 작년 살인 건수 중 친족 살인이 53.5%〉라는 기사에 따르면,

2013년에 범인이 검거된 살인 사건 중 가해자와 피해자가 친족 관계인 사례가 53.5%로 전체의 절반 이상을 차지했다. 앞에서 언급했듯이 살인 건수 자체는 줄어드는 추세이나 친족 간의 살인은 1979년부터 2003년까지 25년간 전체의 약 40%를 유지하다가 2004년에는 45.5%로 상승, 2013년에는 53.5%까지 급증했다.

물론 친족 살인의 원인이 전부 간병인 것은 아니다. 경제적인 문제나 재산을 둘러싼 갈등, 학대 등 여러 원인이 있지만, 간병 살인이 빈번히 발생하고 있다는 통계 수치로 보건대 간병도 하나의 요인이라는 점은 분명하다.

유하라 교수는 2016년에 들어 각 신문사의 기사를 토대로 간병 살인 건수를 재집계했다. 그리고 1998년부터 2015년까지 18년간 전국에서 발생한 간병 살인과 동반 자살이 716건으로 늘었다고 발표했다. 동반 자살을 포함한 숫자이긴 하나 역시 연평균 40여 건에 달한다. 그중 부부간 살인 사건이 333건(47%)을 차지했으며 자녀가 부모를 살해한 사례는 331건(46%)이었다. 주목할 점은 가해자가 남성인 사건이 512건(72%)에 달하여 가해자가 여성인 사건 194건(27%)을 크게 웃돈다는 사실이다. 그 밖에 신분이 불명확하거나 공범인 사건은 10건(1%)이었다.

가족의 간병을
장려하는 정부

후생노동성이 발표한 2013년 조사를 살펴보면 재택 간병을 하는 간병인의 성별은 약 70%가 여성이다. 그런데도 남성에 의한 간병 살인이 많이 발생했다. 이에 대해 유하라 교수는 "일에만 몰두하며 살아온 남성은 고민을 주위에 털어놓지 않고 고립되는 경우가 많다. 간병의 부담을 혼자 끌어안다가 우울증에 걸리기 쉽다"라고 설명한다(《마이니치신문》, 2016년 2월 14일 자 조간). 남성이 돌봄 노동 등의 집안일에 익숙하지 않다는 점도 울분이 증폭되는 원인이다.

사람들 대부분은 평생 살인과는 거리가 먼 삶을 살아간다. 어지간한 일이 아니고서야 타인에게 위해를 가하지도 않는다. 하물며 간병 살인을 저지르는 이들은 살인은커녕 범죄와 전혀 관련이 없는, 오히려 성실한 사람이다. 이 사실은 도네가와 신주의 셋째 딸을 봐도 짐작할 수 있다. 셋째 딸은 경제적으로 어려운 와중에도 생활보호를 마다했다. 그런데 가족을 집에서 간병한 끝에 결국 피간병인을 살해하는 상황에 이르렀다. 문제는 이러한 사건이 자주 발생하고 있으며 매년 반복된다는 점이다.

앞서 언급한 일본 케어러 연맹에서는 '간병인 지원법'의 제정을 촉구하고 있다. 현재 계획상으로는 "이 법률은 간병인이 처한 상황을 고려하여 간병인 지원 시책의 기본 이념 및 정부의 책무를 명확히 정하고, 간병인 지원 시책의 기본 사항을 규정하는 한편, 간병인 지원 추진 협의회를 설치함으로써 시책을 종합적·계획적으로 추진하여 국민의 복지 증진에 이바지하는 것을 목적으로 한다"라고 되어 있다. 즉, 간병하는 국민을 위한 적극적 지원 시책을 국가에 요구하는 것이다.

이러한 법률은 도대체 언제쯤 제정될 수 있을까? 안타깝지만 실현 가능성은 요원하다. 케어러 연맹에서 요구하는 법률이 제정되면 국가는 지금보다 간병인 지원 규모를 더욱 확대해야 한다. 그러려면 막대한 비용이 필요하다. 사회복지 관련 예산이 매년 증가하여 국가재정을 압박하고 있는 현재로서는 과연 정부가 이 방향으로 움직일지 의문이다.

간병 살인을 예방하고 싶다는 소망은 누구에게나 있을 것이다. 하지만 자살이나 교통사고 사망자를 줄이려는 노력에 비하면 이 사회는 간병 살인 예방에 그다지 힘을 기울이고 있지 않은 듯하다. 극단적으로 말하면 '어쩔 수 없는 일'이라는 생각으로 국민을 방치하고 있는 듯이 보인다. 심지어 정부는 재택 간병을 장려하고 있다. 이는 간병 살인이 앞으로 더욱 증가할 수 있음을 의미한다.

재판관의 눈물과
온정 판결

그렇다면 실제로 법정에서는 간병 살인을 어떻게 판결할까? 2006년에 발생한 '교토 후시미 간병 살인 사건' 또는 '교토 치매 모친 살해 및 동반 자살 미수 사건' 등으로 불린 사건이 판결 당시 사회적으로 주목을 받았다. 교토시 후시미구 가쓰라가와의 하천 부지에서 54세 무직 남성이 치매에 걸린 86세 어머니를 당사자와 상의한 끝에 살해한 사건으로, 아들도 자살을 기도했으나 미수로 그쳤다.

부모와 셋이 살던 피고인 남성은 1995년에 아버지가 세상을 떠난 뒤 어머니가 치매 증상을 보이기 시작하자 혼자서 어머니를 보살폈다. 그런데 사건 발생 전년 4월부터 어머니의 증상이 악화하면서 밤낮이 뒤바뀐 생활을 보냈다. 설상가상으로 어머니에게 길거리를 배회하는 증상까지 나타났다. 그 후 아들이 간병보험을 신청하여 어머니는 데이케어 서비스를 받았으나 이도 모자라 7월부터 휴직을 해야만 했다. 9월에는 휴직에도 한계를 느껴 퇴사를 선택할 수밖에 없었다. 간병하는 틈틈이 구직 활동을 했지만 끝내 일자리를 얻지 못했고 12월에는 실업보험마저 중단됐다. 남성은 구청을 찾아가 상황이 나아질 때까지만 생활보호 수당을 받을 수 없겠느냐고 부탁했으나, 아직 경제활동을 할 수 있는 여건이라 생활보호 대상자 선정은 불가능하다며 거절당했다.

카드 대출도 한도액이 차서 이틀에 한 번 끼니를 때우는 지경에 이르렀다. 그런데도 어머니의 식사를 거른 적은 없었다. 남성의 머릿속에는 아버지가 살아생전 강조하던 "남에게 폐를 끼치면 안 된다", "갚지 못할 돈은 꾸지도 말아라"라는 말이 떠올라 친척에게 손을 벌리는 일은 하지 않았다. 결국 월세도 내지 못하고 수중에 남은 전 재산은 7,000엔뿐이었다.

2006년 1월 31일, 남성은 집을 청소하고 친척과 집주인에게 남긴 유서, 인감을 테이블에 올려 둔 후 어머니와 집을 나섰다. 마지막 식사는 편의점에서 산 빵과 주스였다. 어머니에게는 "내일이면 다 끝이에요"라고 몇 번이나 되뇌었다. 두 사람은 게이한 전철을 타고 산조역으로 향했다. 어머니에게 어디에 가고 싶으냐고 묻자 "사람이 많은 북적북적한 곳이 좋다"라는 대답이 돌아왔기 때문이다. 번화가에서 시간을 보내고 밤에는 후시미로 돌아왔다. 역시 "집에서 가까운 데가 좋다"라는 어머니의 요구가 있었기 때문이다.

이미 시간은 자정을 넘어섰다. 남성은 "이제 돈도 다 떨어졌어요. 더는 살 수가 없어요. 이걸로 끝이에요"라고 말한 후 끊임없이 잘못을 빌며 흐느껴 울었다. 어머니는 "울지 말거라" 하며 아들의 머리를 쓰다듬었다고 한다. 남성은 결국 어머니를 태운 휠체어 뒤로 돌아가 수건으로 목을 조르고 칼로 그었다. 자신도 칼로 상처를 낸 후 근처에 있던 나무에 밧줄을 걸고 목을 매달았으나 숨이 끊어지지 않았다. 두 사람은 이튿날 아침 행인에게 발견되었다.

이 사건의 첫 공판은 같은 해 4월 19일 교토 지방재판소에서 열렸다. 검찰관은 모두진술에서 사건의 경위를 자세히 설명하며 남성이 정신적으로 얼마나 고통스러운 상황이었는지를 밝혔다. 진술을 듣고 피고인이 흐느낀 것은 물론 재판관도 눈시울을 붉히고 교도관도 눈물을 참기 위해 눈을 연신 깜빡였다고 한다.

7월 21일 판결 당일, 재판관은 "결과는 중차대하지만 피해자(모친)는 처벌 대신 피고인의 행복한 인생을 바랄 것으로 추정된다"라면서 남성에게 징역 2년 6개월, 집행유예 3년을 선고했다. 남성은 살인을 저질렀는데도 감옥살이를 면한 것이다(야마후지 쇼이치로의 〈"내 손은 어머니의 목을 조르기 위해 있었나", 남자는 울었다〉, 《주간 분슌》 2006년 6월 29일 자 등을 참조).

이 남성에게 집행유예가 선고된 것은 그야말로 '온정 판결'이다. 그런데 만약 남성이 아버지의 말을 신경 쓰지 않고 친척이나 주변 사람들에게 도움을 요청했다면, 최악의 사태는 막을 수 있지 않았을까?

간병으로 지치고
고통받는 사람들

교토 후시미 사건에서는 어머니를 살해한 남성이 스스로 목숨을 끊으려다가 실패했지만, 결과가 다른 경우도 있다. 또는 피간병인은 살해하지 않고 간병인끼리 동반 자살을 선택하기도 한다.

교토 후시미 사건이 발생한 지 2년 뒤, 2008년 1월 5일부터 7일까지 비슷한 사건이 연달아 발생하여 일본 전체가 충격에 휩싸인 적이 있다. 먼저 1월 5일에는 나라현에서 73세 치매 남성을 간병하다

이제는 부모를 버려야 한다

가 지친 56세 아내와 31세 딸이 9세 아이와 동반 자살을 시도하여 세 명 모두 사망했다. 그리고 6일에는 아오모리현에서 역시 간병으로 지친 58세 여성 간호사가 자리보전하던 82세 어머니를 살해했다. 이어서 7일에는 미야기현에서 간병하던 59세 딸이 지병으로 봄져누운 86세 아버지를 교살한 후 스스로 목을 매달아 숨졌다. 아버지는 15년간 누워 있는 상태였다.

이 중 두 번째 사건의 여성 간호사는 아오모리 지방재판소에서 징역 9년의 실형 판결을 받았다. 여성은 어머니가 살인을 의뢰했으며 범행 당시 심신이 미약한 상태였다고 주장했으나, 재판장은 살인 의뢰 사실을 인정하지 않았을뿐더러 피고인의 주장으로 미루어 볼 때 반성의 기미가 없다고 판단하여 도리어 무거운 판결을 내렸다. 여성이 범행 시점에 노인 간호 시설의 요양부장이었던 점도 판결에 영향을 미쳤을 가능성이 있다. 간병 피로와 직장에서 받은 스트레스 때문에 자포자기 상태가 되었다고 간주한 것이다.

이후에도 비슷한 간병 살인이 끊이지 않고 있다. 지금까지 살펴본 사건은 자녀가 간병하던 부모를 살해하고 자살을 시도한 사례지만, 연로한 남편이 간병하던 아내를 살해하거나 그 반대의 경우도 있다. 이른바 '노노(老老) 간병'에 따른 살인이다. 또한 장애가 있는 자녀를 간병하던 부모가 늙고 병들면서 자녀를 살해하는 사례도 나타난다.

《마이니치신문》이 수도권 1도 3현(도쿄도, 가나가와현, 사이타마현, 치바현_옮긴이), 긴키 지방의 2부 4현(오사카부, 교토부, 효고현, 나라현, 시가현, 와카야마현_옮긴이)에서 2010년부터 2014년까지 5년간 발생한 간병 살인 44건을 조사한바, 그중 20건에서 가해자가 밤낮없이 간병을 하느라 심각한 수면 부족 상태였다는 사실이 밝혀졌다. 치매에 걸린 환자와 통증을 유발하는 질병 환자는 수면장애가 있거나 망상 상태에 빠져 시도 때도 없이 간병을 요구하거나 큰 소리를 지르는 일이 많기 때문이다. 해당 기사에서는 재판소가 살인의 주요 원인을 간병 피로라고 판단한 사건에서도 수면 부족이 큰 영향을 미쳤을 것으로 추정했다(2015년 12월 7일 자 조간).

이처럼 간병 살인이 반복되고 있는데도 발생 빈도가 높기 때문에, 특별히 주목받을 만한 요소가 없으면 세상의 관심은 고사하고 자세한 보도조차 기대하기 힘든 실정이다. 그러나 그 이면에 살인까지 이어지지는 않았지만 간병으로 고통받고 힘들어하는 수많은 사람이 존재한다. 그들은 조금이라도 상황이 바뀌면 언제든 간병 살인으로 치달을 가능성이 있다.

30

돈, 시간, 노력
그리고 정신적 부담

2000년 4월 1일부터 시행된 간병보험 제도에서 '요(要)간병자(지방자치단체의 조사원과 의사의 의견을 토대로 현재 간병 서비스가 필요하다고 판정된 사람_옮긴이)'와 '요(要)지원자(현재는 간병하지 않아도 되지만 장래에 요간병 상태가 될 수 있어 지원이 필요하다고 판정된 사람_옮긴이)'로 인정된 사람의 수는 매년 증가하고 있다. 65세 이상 고령자로 한정했을 때 2001년에 약 287만 7,000명이 해당했으나 2014년에는 약 591만 8,000명으로 급증했다. 13년 사이에 두 배 이상 증가한 셈이다.

'요지원'은 요지원 1과 요지원 2로 단계가 나뉘며 당사자 혼자서 생활할 수 있는 상태로 간주된다. 그런데 '요간병'이라면 상황은 달라진다. 요간병 1까지는 아직 혼자 생활할 수 있다고 간주되나 요간병 2 이상이면 불가능하다. 요간병 4가 되면 일상생활 전반에 도움이 필요하며 가족만으로는 간병하기가 어려워진다. 전문가에게 간병을 위탁해야 한다는 뜻이다. 그리고 요간병 5로 올라가면 이른바 '자리보전' 상태이기 때문에 식사 시 '경관영양(코나 배에 가느다란 고무관을 삽입하여 묽은 음식을 소화기관으로 흘려보내는 방법)'이 필요하다.

환자와 한집에 사는 간병인들에게 조사한 결과, 요간병 1에서는 "필요할 때 도와주는 정도"라는 답변이 전체의 58.0%를 차지했다. 그러나 요간병 3의 경우 간병인의 33.8%가 "거의 하루 종일 간병에 매달려야 하는 정도"라고 답했다. 요간병 4에서는 그 비율이 48.4%로 올라가고 요간병 5에서는 51.6%로 높아졌다. 간병 시간이 하루의 절반을 차지하는 경우도 각각 15.8%와 20.5%였다(후생노동성 '국민 생활 기초 조사' 2010년). 참고로 2016년 8월 후생노동성에서 발표한 '간병보험 사업 상황 보고(잠정)'에서는 요지원과 요간병 상태로 인정받은 627만 8,000여 명 가운데 요간병 2 이상이 328만 4,000여 명에 달했다.

요간병의 단계가 올라갈수록 간병인은 생활의 대부분을 간병에 투자해야 한다. 간병인의 61.6%는 함께 거주하는 사람이다. 배우자가 26.2%, 자녀가 21.8% 그리고 자녀의 배우자가 11.2%다. 참고로 사업자는 14.8%였다(후생노동성 '국민 생활 기초 조사' 2013년).

간병에 시간을 빼앗기면 필연적으로 일을 지속하기 어려운 상태가 된다. 2011년 10월부터 2012년 9월까지 1년간 간병 또는 간호를 사유로 퇴직한 사람의 수는 10만 명을 넘어섰고 그중 80%는 여성이었다(총무성 '취업 구조 기본 조사' 2012년).

이제는 부모를 버려야 한다

간병으로 인한 부담은 시간과 노력에 국한되지 않는다. 그보다 더 큰 문제는 정신적인 부담이다. 간병이 필요해지는 원인을 살펴보면, 남녀 모두 뇌혈관 질환(뇌졸중)이 21.5%로 가장 높은 비율을 차지한다. 특히 남성만 보면 32.9%로 거의 3분의 1에 달한다. 두 번째로 높은 원인은 치매로 15.3%다. 여성에게는 치매가 간병의 가장 큰 원인으로 작용하여 17.5%를 차지한다. 이 밖에 고령으로 인한 쇠약이 13.7%, 관절 질환이 10.9%, 골절·전도가 10.2%로 뒤를 잇는다. 한편, 심장 질환(심장병)은 3.9% 수준으로 상당히 낮은 편이다(후생노동성 '국민 생활 기초 조사' 2010년).

현재 일본인의 사망 원인 1순위는 '암'이며 이어서 심장 질환, 뇌혈관 질환 순이다. 이 중 뇌혈관 질환 외의 다른 병은 간병의 주원인이 아님을 알 수 있다. 요컨대 간병이 필요한 질병이나 사고로 인한 장애는 재활 치료를 통해 회복이 가능하다는 뜻이다. 다만 고령자로 갈수록 그 가능성은 희박해진다. 그러면 간병하는 사람의 부담은 무거워지고 현 상황이 언제까지 이어질지 모른다고 생각하면 암담한 기분이 들게 마련이다.

재택 간병,
국민의 요구인가

간병을 받는 고령자 쪽에서도 여태까지 당연하게 하던 일을 못 하는 자신의 처지에 신경이 날카로워지고 생각대로 진척되지 않는 재활 치료에 조바심을 느낀다. 별것 아닌 일에 부아가 치밀고 그 화살은 간병인에게로 돌아간다. 결국 "이럴 바에야 죽는 편이 낫다"라는 말도 서슴없이 내뱉지만 죽는 것조차 마음대로 되지 않는다. 그러면 가족에게는 고령자가 말도 안 듣고 고집만 부리는 애물단지 같은 존재로 전락한다. 마침내 간병인과 피간병인 사이에 갈등이 생기면서 시간이 갈수록 집안 내에 불편한 공기가 흐른다.

그나마 간병인이 건강할 때는 문제가 없다. 하지만 불면 상태가 지속되면 우울증에 걸리기 쉬우며 끝내 간병 살인이나 동반 자살로 치달을 위험이 높다. 간병보험 제도만으로는 도저히 그들을 구제하기 힘들다.

간병에 대한 정부의 방침은 2013년에 크게 전환되었다. 재택 간병을 중심으로 삼겠다는 내용이 골자다. 여기에는 간병뿐만 아니라 의료까지 포함하여 재택 의료 및 간병을 추진하겠다는 것이 현

정부의 방침이다. 목적은 막대한 금액에 달하는 의료비와 간병비의 절감이지만 정부는 이를 숨기기에만 급급하다.

이러한 방침 전환을 설명한 후생노동성 재택 의료·간병 추진 프로젝트 팀의 '재택 의료 및 간병 추진에 관하여'라는 발안에는 "국민의 60%가 자택에서 요양하기를 희망한다"라는 점이 부각되어 있다. 60%라는 수치의 근거 자료는 후생노동성에서 매년 시행하는 '종말기 의료에 관한 조사'다. 1998년에 시행한 조사 결과를 보면 "자택에서 요양하다가 필요해지면 다니던 의료 기관에 입원하고 싶다"가 20.4%, "자택에서 요양하다가 필요해지면 완화 케어 병동에 입원하고 싶다"가 28.3%, "자택에서 마지막까지 요양하고 싶다"가 9.0%였다. 세 가지 항목을 합하면 57.7%다. 그런데 2003년에는 각 항목이 21.6%, 26.7%, 10.5%로 늘어나 합계가 58.8%로 올라갔다. 그리고 2008년에는 각각 23.0%, 29.4%, 10.9%로 합계 63.3%까지 높아졌다. 실제로 자택 요양을 희망하는 사람이 증가했으며 그 비율은 60%를 초과한 것이다.

국민의 요구를 바탕으로 정책을 세우겠다는 정부의 취지는 바람직하다. 그리고 후생노동성의 발안은 정부가 국민의 희망에 근거하여 재택 간병을 추진하고 있는 듯이 보인다.

어쩔 수 없는
살인인가

한편, 이 발안은 65세 이상 고령자가 향후 증가할 것이라는 사실도 강조한다. 더욱이 세대주가 65세 이상인 1인 가구와 부부만으로 이루어진 2인 가구가 증가한다는 점도 지적하고 있다.

1인 가구에서 요간병자가 발생하면 자택 요양은 불가능하다. 2인 부부 가구에서는 노노 간병이라는 현실이 기다린다. 이처럼 암울한 상황이 예측되는 가운데 정부가 제안하는 간병의 미래상은 '주거 · 의료 · 간병 · 예방 · 생활 지원이 종합적으로 제공되는 지역 포괄 케어 시스템의 실현'이다. 지역 포괄 케어 시스템이 구축되면 중증 요간병 상태가 되어도 인생의 마지막까지 자신이 살던 지역에서 변함없이 생활을 이어갈 수 있다는 것이 요지다.

단, 이때도 "전체 인구수는 큰 변동이 없되 75세 이상 인구는 급증하는 대도시권"과 "75세 이상 인구는 완만하게 증가하되 전체 인구수는 감소하는 지방권" 등의 지역 차가 있으므로, 지역 포괄 케어 시스템은 "보험자인 지자체가 자주성과 주체성을 토대로 각 지역의 특성에 알맞게 구축해 나갈 필요가 있다"라고 설명한다. 역시 지역

이제는 부모를 버려야 한다

의 특성을 고려한 탄력적인 정책이라는 점을 강조하고 있으나 '자주성과 주체성'이라는 문언을 보건대, 실상은 정부가 비용과 시간을 투자할 수 없으니 지자체가 알아서 하라고 부담을 떠넘기고 있는 꼴이다.

이 발안에서는 또 한 가지, 내각부가 2007년도에 실시한 '고령자의 건강에 관한 의식 조사'에서 요간병 상태가 되면 "자택에서 간병을 받고 싶다"가 41.7%, "자녀의 집에서 간병을 받고 싶다"가 2.3%, "친척 집에서 간병을 받고 싶다"가 0.5%로 총 44.5%가 된다는 통계 결과를 바탕으로 "자택이나 자녀, 친척 집에서의 간병을 희망하는 사람이 40%를 넘었다"라고 밝힌다.

이 정책을 현실화하여 재택 간병이 확대되면 부담은 고스란히 가족과 친척의 몫으로 돌아간다. 그러면 간병으로 고통받는 사람이 늘어나고 시간에 쫓겨서 부득이하게 퇴직하는 사람이 많아진다. 결과적으로 생활의 기반이 붕괴하여 간병 살인을 증가시키는 요인이 된다.

설마하니 정부가 간병 살인을 장려하려는 심산은 아닐 것이다. 현 상황을 개선하기 위한 정책일 테고, 실제로 지역 포괄 케어 시스템이 확립되면 간병 살인을 예방하는 길이 열릴지도 모른다. 그런데 교토 후시미 사건처럼 대부분의 간병 살인은 온정 판결이 내려져 집행유예에 그친다는 사실을 떠올려 보자. 실형 판결이 내려진 아오모리 사건은 간병 피로가 살인 동기로 간주되지 않은 사례였다. 간병 살인을 저지르더라도 온정 판결을 받을 수 있다. 그만하면 충분하지 않은가. 국가의 정책은 암묵적으로 이러한 방향을 시사한다.

물론 지나친 비약일지도 모른다. 그러나 재택 간병을 권장하는 정부의 방침은 국민의 요구에 기반을 두고 있다는 점을 과도하게 강조한다는 측면에서 매우 의심스럽다. 마치 간병 살인은 어쩔 수 없는 일이라는 핑계로 국민을 방치하는 정책으로 비치는 것이다.

간병은 무척 고된 일이다. 육아도 마찬가지로 부모가 온종일 매달려야 할 만큼 고되지만, 아기가 성장할수록 돌보는 수고가 줄어든다. 그리고 무엇보다 아이의 성장에 기쁨과 보람을 느낄 수 있다. 반대로 간병은 피간병인의 나이가 많아질수록 점점 힘들어진다. 치매가 심해져 밖을 배회하기라도 하면 간병인의 생활은 완전히 파괴된다. 게다가 피간병인이 회복되어 원 상태로 돌아오리라는 기대를 할 수 없다는 점이 의욕을 꺾는다.

간병에 시간을 온전히 빼앗기면 일을 포기해야 하므로 제대로 된

이제는 부모를 버려야 한다

생활을 누릴 수 없다. 일이 없어지면 경제적으로 궁핍해져 많은 사람이 그랬듯 죽음이라는 선택지를 떠올리게 된다.

　고령자의 증가와 정부의 재택 간병 방침은 장차 이러한 사례를 더욱 늘어나게 할 것이다. 설령 정부가 의도하지는 않았더라도 현실은 분명히 그 방향으로 나아가고 있다. 그리고 그 길 끝에는 절망적인 상황만이 기다리고 있을 뿐이다.

먼저 '세대 분리'로 시작하는
부모 버리기

그렇다면 간병 살인을 예방하는 방법은 무엇일까?

　머리말에서도 언급했듯이 궁극적으로는 부모를 버리는 수밖에 없다. 이런 말을 하면 "사람도 아니다"라는 비난을 받을지도 모른다. 간병이 필요해진 부모를 버리는 행위는 상당히 잔혹하게 느껴지는 것이 사실이다. 그런데 간병 살인을 저지른 사람도 자신의 부모가 귀찮아져서 그런 무모한 선택을 하지는 않았으리라 생각한다. 살인을 저지르고 싶지는 않으나 상황이 너무 가혹하고 도저히 살아갈 가망이 보이지 않자 정신적인 압박에 못 이겨 부모를 살해하고 속죄하는 마음으로 자신의 목숨도 끊으려고 했을 것이다.

그런데 만약 부모를 버린다면 간병 살인을 저지를 필요가 없다. 부모도 인생의 마지막에 살해당할 일이 없고 평생 범죄와는 무관했던 자녀가 살인자가 될 일도 없다. 설사 온정 판결을 받고 감옥살이는 면하더라도 자기 부모를 제 손으로 죽였다는 사실에는 변함이 없다. 인생의 마지막 순간까지 죄책감을 느끼며 살아가야 한다. 그럴 바에야 부모를 버리는 편이 낫다. 그리고 부모 역시 자식에게 버려지는 상황을 각오해야 한다.

최근에 부모를 버리는 행위와 비슷한 사례가 나타나고 있다. 바로 '세대 분리'라는 방법이다. 세대 분리란 부모와 자녀가 함께 거주하더라도 각각 세대를 나누는 것을 일컫는다. 말하자면 간병 비용이나 보험료를 절약하기 위해 시행되는 일종의 '꼼수'다. 세대를 분리하면 함께 거주하던 부모와 자녀가 떨어져 살아야 한다고 생각할수 있지만, 함께 사는 것과 법적으로 세대를 합치는 것은 다르다. 생판 모르는 사람들이 함께 사는 셰어 하우스를 떠올리면 이해하기 쉽다. 이 경우 함께 살기는 하되 세대를 합치지는 않는다.

즉, 세대 분리는 주민등록상 부모 세대와 자녀 세대를 나누는 방법이다. 그러면 간병 서비스를 받고 있을 때 부담하는 금액이 대폭 줄어든다. 자녀의 수입이 가산되지 않기 때문이다. 다만 이는 어디까지나 하나의 '꼼수'이며 주민등록상 세대가 분리되어도 부모와 자녀의 동거는 계속되기 때문에 실질적으로 부모를 버리는 것은 아니다.

부모의 간병은
자녀의 몫인가

이러한 세대 분리가 서류상에서뿐만 아니라 현실에서도 이루어지는 경우가 있다. 2015년 8월 30일에 방송된 NHK 스페셜 〈노인 표류 사회 - 부모와 자녀의 공동 몰락을 막아라〉에서도 소개된 바 있다.

삿포로시의 연립주택 단지에서 생활하던 80세 남성의 사례다. 이 남성은 매달 9만 5,000엔의 연금을 받았으나 연금만으로는 먹고살기가 어려워 생활보호 지원금으로 월세와 의료비를 충당하고 있었다. 그런데 이 남성의 45세 아들이 실직한 후 아버지 집으로 돌아오면서 1인 가구에서 2인 가구로 바뀌었다. 결국 아버지는 생활보호 대상자 자격을 상실하여 매달 3만 엔씩 부담액이 늘어났고, 다음 달 연금 지급일이 돌아오기 전에 생활비가 바닥나기 시작했다.

남성을 담당하던 '지역 포괄 지원 센터'에서는 부모와 자녀가 함께 거주하는 상태에서는 생활보호를 받을 수 없으므로 아버지와 아들의 세대를 실제로 분리하기로 했다. 아버지는 고령자 시설로 옮겨 생활보호 지원금을 받게 하고, 아들은 취업 지원을 통해 자립할 수 있도록 조치한 것이다. 이 사례는 서류상에서만이 아니라 실제로 세대를 분리한 경우다. 생활보호 대상자를 결정할 때 동거 여부가 중요한 판단 기준이기 때문이다.

방송에서는 2014년 1월 이와테현에서 91세 모친을 간병하던 64세 아들이 어머니의 연금만으로 생활하다가 결국 두 사람 모두 동사(凍死)한 사건을 비교하여 소개했다. 만약 이와테 사건에서도 아들이 누군가에게 어려운 처지를 호소했다면 세대 분리라는 방법을 통해 구제되었을지도 모른다.

위 사례의 세대 분리는 제삼자의 개입을 통해 이루어졌으므로 자녀가 직접 부모를 버렸다고 볼 수 없다. 그러나 결과적으로 자녀가 부모의 간병을 방치하는 형태가 되었기 때문에 부모를 버린 것이나 다름없다.

이제는 부모를 버려야 한다

부모를 버리지 않으면 부모도 구제받을 수 없거니와 자녀도 구제받을 수 없다. 잘못하면 간병 살인으로 이어질 위험이 있다. 간병 살인 문제는 차치하더라도 애초에 부모의 간병은 자녀의 몫이어야만 하는가? 직장과 생활을 포기하면서까지 간병을 우선해야 하는가? 이런 의문이 남는다.

앞으로도 고령화는 빠르게 진행되고 요간병자로 인정받는 고령자 수도 늘어날 테니 사태는 매우 심각하다. 게다가 사회 전반적인 경제 상황도 악화 일로이며 정부와 은행의 주장과는 달리 향후 경제가 발전하리라고 기대하기 힘들다. 노인의 빈곤화, 하류 계층화 문제가 대두되며 세상의 관심도 높아지고 있지만 이제 막 시작 단계일 뿐이다. 풍요롭고 행복한 노후를 보낼 수 있는 사람은 한정되어 있다.

지금 우리는 부모를 버리는 선택에 관해 진지하게 생각해야 하는 시대에 살고 있다. 그렇지 않으면 가혹한 현실에서 살아남기란 쉬운 일이 아니다.

제2장

지나치게 장수하는 사람들

고령자의 자택 부양은 최근에 비롯된 일이 아니다. 예부터 많은 사람들이 집에서 고령자를 직접 부양해 왔다. 그러나 요즘 들어 자택 부양은 그 자체로서 매우 위험한 일이 되었다. 왜 일까? 사람의 수명이 지나치게 늘어났기 때문이다.

치매 노인의 철도 사고는
누구의 책임인가

2016년 3월 1일, 치매 남성이 밖에서 배회하다가 열차에 치여 사망한 사건에 대해 JR도카이 회사가 유가족에게 손해배상을 청구한 소송에서 최고재판소의 제3소법정은 아내와 장남에게 배상 책임이 없다고 판단하여 JR도카이의 청구를 기각했다. 이 소식은 언론에서 대대적으로 보도되며 재판 자체는 물론, 이와 같은 사건 전반에 다시금 주목하는 계기가 되었다.

사고를 당한 남성은 당시 91세였으며 요간병 4단계를 인정받았다. 고소를 당한 아내는 사건 당시 85세로 본인도 요간병 1단계를 인정받은 상태였다. 장남은 20년 이상 부모와 떨어져 지내는 중이었다. 이러한 상황을 생각하면 가족이 배상 책임을 질 필요가 전혀 없어 보이지만 1심 나고야 지방재판소에서는 JR도카이의 손을 들어주며 아내와 장남에게 약 720만 엔을 배상하라는 판결을 내렸다. 2심 나고야 고등재판소에서도 아내에게만 약 360만 엔의 배상 판결을 내렸다. 밖을 배회하도록 내버려 둔 가족에게 책임이 있다는 결정이었다.

최고재판소의 판례가 나온 이상 앞으로 비슷한 사건이 일어나도 가족에게 배상 책임을 묻기는 어려울 것으로 예상된다. 그러나 최고재판소는 "동거하는 배우자가 곧 (감독 책임자에) 해당하지는 않는다"라고 하면서도 "치매 환자와의 관계성 및 간병 실태 등을 종합적으로 고려하여 판단해야 한다"라는 기준도 제시했다.

최고재판소의 판결은 무겁다. 특히 이 판결처럼 한번 기준이 제시되고 나면 향후 지방재판소와 고등재판소의 판결에도 지대한 영향을 미친다. 이 기준에 따르면 가족 측이 간병에 소홀했을 경우 배상 책임을 물을 수 있다는 뜻이다. 그렇다면 시도 때도 없이 배회하는 치매 환자를 간병하는 가족 입장에서는 무슨 수를 써서라도 대책을 세워야 한다. 여차하면 피간병인의 신체를 속박해서 함부로 돌아다니지 못하게 해야 할지도 모른다.

이따금 간병 시설에서 환자를 묶어 두는 사례가 발각되어 여론의 뭇매를 맞곤 한다. 환자를 묶어 두는 것은 상당히 비인간적인 처사지만, 혹여나 길거리를 돌아다니다가 사고를 일으키면 책임자인 시설 측이 고액의 배상금을 물어내야 하는 것이 현실이다. 따라서 고육지책으로 거의 학대에 가까운 수단을 취하는 것이다.

경찰청은 2014년 기준으로 치매 행방불명자가 1만 783명에 달했다고 집계했다. 그중 약 98%는 같은 해에 소재가 확인되었는데 429명은 사망했다. 국토교통성은 치매로 의심되는 사람이 철로 안으로 들어가 열차와 충돌한 사고가 2005년부터 2014년까지 10년간 적어도 134건 발생했다고 밝혔다(《시사통신》, 2016년 3월 1일 자).

철도 회사 중에는 회사 측에 귀책사유가 없다고 판단될 경우, 개인 사정에 상관없이 원칙적으로 배상을 청구하는 곳이 있으나 대개는 상황에 따라 판단한다. 최고재판소의 판결은 이러한 철도 회사의 판단에도 영향을 미칠 것으로 보인다.

그런데 생각해 보면 주택가에 철로가 있는 것 자체가 무서운 일이지 않을까? 달리는 열차와 부딪히면 생존율은 0%에 가깝다. 자동차도 남아나지 않는다. 게다가 철로 건널목에 내려진 차단기 외에는 별다른 장치가 없어 누구든 쉽게 드나들 수 있는 곳이 많다. 요즘에는 계단과 에스컬레이터 때문에 플랫폼이 무척 좁은데 스크린도어가 설치되지 않은 역에서도 열차가 빠른 속도로 통과한다. 철도 회사는 마치 흉기와도 같은 것을 취급하는 무서운 장사를 하고 있으나 아무도 그 점을 문제 삼지 않는다. 밖을 배회하는 사람이 들어가지 못하게 해야 할 책임은 철도 회사에 있는데도 그런 발상을 하는 회사는 현재 아무 데도 없다.

그렇다면 현대인은 스스로 자기 몸을 지키는 수밖에 없다. 물론 그것도 말처럼 쉽지만은 않다. 철도가 다니지 않던 메이지시대 (1868~1912) 이전에는 이런 걱정을 할 필요가 전혀 없었다. 말이나 소달구지 등 그 시대 나름의 고속 이동 수단도 열차만큼 두려운 존재는 아니었다.

많이 줄어들었다고는 해도 여전히 연간 4,000명이나 되는 사람들이 교통사고로 목숨을 잃는다. (가장 많았던 해는 1만 6,000명 이상이었다.) 현재 교통사고 사망자의 대다수는 65세 이상 고령자다. 고령자의 인구 10만 명당 교통사고 사망자 수는 다른 세대의 약 3.5배에 달한다. 이러한 수치를 보더라도 가족이 전적으로 간병을 맡기란 무척 힘들다는 사실을 알 수 있다. 아니, 거의 불가능에 가깝다고 해도 과언이 아니다.

매년 늘어나는
평균수명

고령자를 집에서 부양하는 일은 상당한 위험 요소로 작용한다. 장

이제는 부모를 버려야 한다

차 간병 부담을 질 가능성이 높은 데다 피간병인이 치매에 걸리기라도 하면 육체적인 부담은 물론 정신적인 스트레스가 커지기 때문이다. 더구나 길거리를 배회하다가 사고를 일으킬 경우 고액의 배상금을 내야 할지도 모른다.

고령자의 자택 부양은 최근에 비롯된 일이 아니다. 예부터 많은 집에서 고령자를 부양해 왔다. 그러나 요즘 들어 자택 부양 자체가 위험 요소로 바뀌었다. 이것은 과거에는 찾아볼 수 없던 양상이다.

고령자를 집에서 부양하는 일이 어쩌다 위험 요소로 작용하기 시작했을까? 이유를 하나 들면 사람의 수명이 지나치게 늘어난 것이다.

2015년 일본인의 평균수명은 남성이 80.79세, 여성이 87.05세였다. 남성이 80세를 넘은 것은 2013년부터다. 말하자면 남녀 모두 80대까지 사는 것이 자연스러운 세상이 되었다.

시시때때로 날아드는 부고(訃告)를 받아보면 고인의 나이가 대부분 80세 이상이며 오히려 90대가 많다는 사실을 깨닫는다. 물론 그중에는 40대에 단명한 사람도 있으나 101세에 별세한 사람도 있었다.

일본의 100세 이상 고령자는 2016년 9월 기준 6만 5,692명이다.

46년 연속 증가하고 있다니 고인의 나이가 101세라고 한들 새삼 놀랄 일은 아니다.

전국시대 때 천하 통일을 꿈꾼 오다 노부나가는 "인간 50년, 화천(化天)의 시간에 비한다면 꿈처럼 덧없구나. 한번 태어나 죽지 않을 자 그 누구인가"라는 노래의 한 구절을 즐겨 읊었는데, 그로부터 400여 년이 지난 지금은 '인간 100년'의 시대가 도래한 것이다.

평균수명은 제2차 세계대전 이후 계속 늘어나는 추세다. 우리는 이 흐름에 익숙해져 있지만 예전에는 그렇지 않았다. 전쟁이 끝나고 얼마 지나지 않은 1947년의 평균수명은 남성이 50.06세, 여성이 53.96세였다. 이때만 해도 '인간 50년'이었던 노부나가의 시대와 별반 다르지 않았다. 그런데 고도 경제성장이 진행 중이던 1960년에는 평균수명이 남성 65.32세, 여성 70.19세로 늘어났다. 1947년과 비교하면 불과 13년 만에 수명이 급격히 늘어난 셈이다. 그 후 1995년과 2011년에 각각 한신·아와지 대지진과 동일본대지진이라는 대규모 자연재해로 수많은 사망자가 발생하여 그해 평균수명은 일시적으로 짧아졌지만, 전체적으로는 수명이 계속 늘어나는 추세다.

이제는 부모를 버려야 한다

평균수명
100년 만에 두 배로

제2차 세계대전 이전의 평균수명은 훨씬 짧았다. 메이지시대에 해당하는 1891년부터 1898년까지 평균수명은 남성 42.80세, 여성 44.30세였다. 즉, 속설에서 액년이라고 불리는 남자 나이 42세가 평균 사망 연령이었다. 더욱이 다이쇼시대 후반인 1921년부터 1925년까지의 평균수명은 남성 42.06세, 여성 43.20세로 오히려 메이지시대의 평균수명보다 짧아졌다. 1918년에 스페인 독감이 전 세계를 덮치고 1923년에 간토대지진이 발생한 영향이 크다. 스페인 독감으로 일본에서만 48만여 명이 숨졌으며 간토대지진으로 인해 10만 5,000여 명이 사망하거나 실종된 탓이다.

그러나 유행병과 자연재해가 통계에 영향을 미쳤어도 이는 어디까지나 일시적인 현상일 뿐이다. 그 시대 사람들의 평균수명이 짧았던 본질적인 이유는 영유아의 사망률이 매우 높았기 때문이다. 스페인 독감이 유행한 1918년 1세 미만 영아의 사망률은 18.9%로 약 33만 8,000명이 목숨을 잃었다. 그 후 영유아의 사망률과 사망자 수는 제2차 세계대전 시기를 제외하면 현재까지 계속 감소하는 추세지만 1918년 이전에는 대체로 15%를 넘었다. 1940년대 후반까지만 해도 사망률이 약 8%에 달해 높은 수준을 보였으나 2014년에는 0.21%까지 줄어들었다.

현재 평균수명을 크게 높인 결정적인 요인은 영유아 사망률의 감소이며, 평균수명이 40대였던 시대에도 장수하는 사람은 많았다. 그럼에도 70대에 사망하면 젊은 나이에 단명했다고 안타까워하게 된 것은 아주 최근의 일이다.

인간은 고대부터 장수를 꿈꿔 왔다. '불로불사'와 '불로장수'의 실현은 인류의 오랜 숙원이었다. 하지만 현재까지 인간이 불사하는 방법은 밝혀지지 않았으며 앞으로도 밝혀질 가능성은 없어 보인다. 하지만 불로장수는 상당 부분 실현되었다. 장수한다는 말은 그만큼 건강을 유지하고 늙지 않는다는 의미다. 그렇다면 인류의 '꿈'이었던 장수가 실현됨으로써 우리의 삶은 행복해졌을까. 안타깝게도 이 질문에 선뜻 대답하기란 쉽지 않다.

장벽에 가로막힌
안락사와 존엄사의 실현

어느 날 신문 투고란에 '장수는 축복인가'라는 제목의 투고가 실렸다. 투고자는 가나가와현에 사는 83세 남성이었다. 일본인의 평균 수명은 남녀 모두 사상 최고치를 기록했다는데 그것이 과연 축복인지를 묻는 내용이었다. 이어서 남성은 현재 일본의 고령화 대책은 오로지 장수에만 초점이 맞춰져 있다고 지적했다. 그리고 사회의 활력을 유지하기 위해서는 적절한 형태의 신진대사가 필요하며, 고령자도 건강 상태를 불문하고 무조건 장수를 원하는 것은 아니라고 주장했다.

이 남성은 아직 건강한 축에 속하는 모양이었다. 자신이 몸져누워 대소변도 제대로 가리지 못하는 상태가 되거든 간병을 거부하고 안락해지고 싶다는 희망을 밝혔다. 그리고 자기 힘으로는 안락해질 수 없으니 사회에 적절한 조치를 바란다는 내용으로 글을 마무리했다(《아사히신문》, 2015년 8월 30일 자 조간).

이 투고는 일본 사회에도 안락사를 허용하는 시스템이 마련되어야 한다는 '안락사 찬성'의 표명이었다. 다만 투고자 자신이 선택했는지 아니면 신문사에서 배려했는지는 모르지만 (아마 후자일 것이다) 투고 내용에 '안락사'라는 표현은 쓰이지 않았다. 이에 해당하리라고 추측되는 부분은 "안락해지는 것"이라고 표현했다.

안락사라는 말은 예부터 사용되었지만 사회적으로 쓸모가 없어진 사람을 인공적인 수단으로 죽음에 이르게 한다는 이미지 때문에 이 단어를 사용하기 꺼려하는 경향이 있다. 전염병에 감염된 가축이나 실험용으로 쓰인 동물을 안락사하는 행위는 '살처분'이라고 불린다. 요컨대 인간의 안락사도 살처분과 혼동될 우려가 있으므로 가급적 안락사라는 말을 쓰지 않으려는 것이 현재의 풍조다. 따라서 안락사 대신 '존엄사'라는 표현을 쓰는 경우가 많다. 존엄사가 안락사보다 뜻이 모호하게 느껴지는 것이 사실이나, 1976년에 설립된 '일본 안락사 협회'도 1983년에 '일본 존엄사 협회'로 개칭되었다.

일본 존엄사 협회에서는 회원들에게 '존엄사 선언서'라는 양식을 배부하는데, 참고차 여기에서 소개하기로 한다. 이 양식은 '리빙 윌 Living Will'이라고도 불리며 생전에 본인이 존엄사를 희망한다는 의지를 선언하는 것이다. 내용은 다음과 같다.

이제는 부모를 버려야 한다

① 나의 부상과 질병이 현대 의학으로는 치료할 수 없는 상태이며 이미 죽음이 임박했다고 진단받은 경우, 단순히 임종 시기만을 늦추기 위한 연명 조치는 거부합니다.

② 단, 이때 나의 고통을 줄이기 위해 마약 등의 적절한 사용으로 완화 치료를 충분히 해 주시기 바랍니다.

③ 내가 회복 불가능한 천연성 의식장애(지속적 식물 상태)에 빠졌을 때는 생명 지속 조치를 중단해 주시기 바랍니다.

이상으로 나의 선언에 의한 요청을 충실히 이행해 주신 분들께 깊이 감사드리며, 그분들이 나의 요청에 따라 이행한 행위 일체의 책임은 본인에게 있음을 덧붙입니다.

년   월   일
서명

신문에 투고한 83세 남성이 일본 존엄사 협회의 존재를 알고 있는지는 확인할 수 없다. 이 선언서에 서명하면 남성의 희망은 이루어질지도 모른다. 그러나 투고만 보건대 남성은 이러한 의사 표시를 굳이 하지 않더라도 사회에서 자연스럽게 연명 치료를 중단하고 평온한 죽음을 맞게 해주기를 소망하고 있는 듯하다.

사실 일본 존엄사 협회는 존엄사의 법규화를 끊임없이 요구하고 있으나 현재까지 실현되지 않았다. 이 협회에는 현재 12만 명이라는 대단히 많은 회원이 가입되어 있다. 또한 당파를 초월한 '존엄사 법규화를 생각하는 의원 연맹'도 조직된 실정이다. 그런데도 장애인 단체 등의 반대로 법규화는 아직 이루어지지 않고 있다. 이번에야 말로 법안이 상정될 것이라는 이야기는 국회가 열릴 때마다 나오지만 상정조차 된 적이 없다.

따라서 존엄사의 실현은 개개인의 의사에게 일임하고 있는 것이 현실이다. 현대 의학이 인간의 나이와는 상관없이 어떻게든 장수하도록 전력을 기울인 만큼, 존엄사와 안락사는 번번이 장벽에 부딪혀 온 것이다.

'여간해선 죽지 않는' 장수 국가

우리가 이런 문제에 직면하고 고민해야 하는 까닭은 투고한 남성이 지적한 대로 평균수명이 꾸준히 경신되는 장수 사회, 아니 '초(超)장수 사회'에 돌입했기 때문이다. 게다가 일본은 명실상부한 세계 최고의 장수 국가다.

2015년 5월 13일 세계보건기구WHO에서 발표한 '세계 보건 통계 2015World Health Statistics 2015'에 따르면, 2013년 기준 세계 최고의 장수 국가는 남녀 평균 84세인 일본이었다. (이하 모두 남녀 평균) 2위는 스페인과 프랑스의 국경을 이루는 피레네산맥에 위치한 안도라공국으로 83세였다. 그 밖에 호주, 이탈리아, 산마리노, 싱가포르, 스페인, 스위스가 공동 2위에 올랐다. 한국은 82세로 공동 9위였다. 경제 위기를 맞았던 그리스가 81세로 공동 20위였으며, 사실상 그리스를 구제한 현 유럽의 맹주국인 독일도 똑같은 20위였다. 이 사실을 아이러니하다고 생각하는 사람이 있을지도 모르겠다. 영국도 마찬가지로 81세였다.

그러나 미국은 79세(공동 34위)로 일본과 비교하면 상당히 낮았다. 일본인과 미국인의 인생은 5년이나 차이 나는 셈이다. 중국은 이보다 더 낮은 75세(공동 68위), 러시아는 심지어 70세인 북한보다 더 낮은 69세(공동 124위)였다. 최하위는 서아프리카의 시에라리온이 46세로 세계 194위였으며 그 밖의 아프리카 국가들이 연이어 하위권을 차지했다. 남아프리카공화국조차 60세로 공동 167위에 머물렀다. 아프리카에서는 아직 영유아 사망률이 높기 때문으로 해석된다. 시에라리온의 평균수명인 46세는 19세기 말 일본인의 수명과 비슷한 수준이다. 아프리카는 향후 경제 발전이 기대되는 최후의 대륙이라고 하니 예측대로 된다면 경제 발전과 더불어 평균수명도 늘어날 것이다. 그러나 평균수명 80세 이상에 도달하려면 상상을 초월할 정도로 오랜 시간이 걸릴지도 모른다.

평균수명이라는 측면에서 생각하면 우리는 분명 시에라리온 국민보다 행복하다. 갓난아이를 잃는 비극은 거의 찾아보기 힘들고 오랜 세월 동안 건강한 생활을 유지할 수 있다. 평균수명이 길어졌다는 말은 그런 의미와 같다. 하지만 앞서 신문에 투고한 남성의 지적처럼 우리는 초장수 국가라는 현실의 무게를 제대로 감당하지 못하고 있다.

장수를 실현한 당사자는 물론이거니와 그들을 부양해야 하는, 또는 간병해야 하는 가족에게도 해당하는 말이다. 치매로 길거리를 배회하게 되면 가족들은 두 손 놓고 내버려 둘 수만은 없다. 그러나 경찰의 발표에서 알 수 있듯이 밖으로 나간 고령자를 수색해도 찾지 못하는 경우가 생긴다.

이제는 부모를 버려야 한다

고령자 비율,
4.9%에서 39.9%로

초장수 사회는 다른 말로 하면 '여간해선 죽지 않는 사회'다.

WHO는 고령자의 기준을 65세 이상으로 정의하며 많은 국가에서 이 기준을 따르고 있다. 최근 일본에서는 '후기 고령자 의료 제도'를 실시하면서 고령자를 전기 고령자와 후기 고령자로 분류하는 움직임이 활발해졌다. 이때 후기 고령자란 75세 이상을 가리킨다. 2015년 10월 1일 기준으로 65세 이상 고령자는 약 3,392만 명이며 이 중 후기 고령자는 1,641만 명에 이른다.

이 숫자는 앞으로도 계속 증가하여 고령자 수가 가장 많아지는 2040년에는 3,868만 명에 달할 것으로 추정되며, 그때 총인구수는 1억 700만 명 정도로 지금보다 훨씬 감소하리라고 예상된다. 참고로 2016년 2월 1일 기준 총인구수 추정치는 1억 2,681만 명이다.

고령자 비율은 2040년 이후로도 꾸준히 늘어나 2060년에는 39.9%까지 올라갈 것으로 보인다. 즉, 인구의 40%가 고령자인 시대의 도래다. 그보다 110년 전인 1950년의 고령자 비율은 불과 4.9%로 채 5%에 못 미쳤다. 1985년에도 10.3%로 10%를 겨우 넘겼을 뿐이다.

초장수 사회의 실현은 초고령화 사회로 가는 길이다. 지금은 자녀가 65세가 되어 고령자 대열에 낄 때까지 부모가 살아 있을 가능성이 높다. 올해 88세인 나의 어머니는 내가 65세일 때 91세가 된다. 지금도 정정하시니 그때까지 살아 계시리라 생각한다. 말하자면 초장수 사회란 자식이 고령자가 되어도 부모가 생존해 있을 가능성이 높은 사회다.

과거에는 일찍 결혼했기 때문에 부모와 자녀의 나이 차가 지금보다 훨씬 적었다. 부모가 20세에 아이를 낳았다고 하더라도 자녀가 65세면 부모는 85세다. 그때까지 부모가 살아 있을 확률은 아주 낮았다.

고령자인 자녀가 후기 고령자인 부모를 간병하는 것은 노노 간병의 일종이다. 이것은 무척 혹독한 간병 상황을 각오해야 한다는 의미다. 설령 간병은 하지 않더라도 나이 든 부모가 계속 생존해 있는 환경을 마주해야 한다. 그리고 이제는 자녀가 죽을 때 부모가 건재한 사례도 심심찮게 찾아볼 수 있게 되었다.

초고령화 사회에서 발생하는
'불효'와 '역연'

다큐멘터리 영화 치고 이례적으로 흥행한 〈엔딩 노트〉라는 작품이 있다. 2011년에 개봉한 스나다 마미 감독의 영화다.

이 영화는 암 선고를 받은 한 남성이 엔딩 노트를 작성하여 자신의 방식대로 죽음을 맞이하는 과정을 그린 실화로, 스나다 마미 감독은 그 남성의 딸이다. 영화에는 딸이 아니면 찍을 수 없는 이야기가 담겨 있다. 유능한 직장인이었던 아버지는 마치 회사 프로젝트를 진행하듯이 자신의 죽음을 처리하려고 한다. 그 과정 중에 간혹 극단적인 형태를 취하기도 하여 관객에게 웃음을 선사하는데, 바로 그 점이 영화의 흥행 포인트였다.

주인공의 태도가 흥미진진하게 그려지다가 끝내 죽음의 그림자가 드리우자 고향에 있는 어머니에게 전화를 걸어 이별을 고하는 장면이 나온다. 애절한 장면이기는 하지만 요즘에는 이처럼 고령자가 초고령자인 부모보다 먼저 생을 마감하는 경우가 그리 드문 일은 아니다.

나의 옛 동료가 수년 전 향년 62세의 일기로 세상을 떠났다. 장례식에 참석하니 가족석에 고인의 부모로 보이는 노부부가 앉아 있는 모습이 눈에 들어왔다. 어쩌면 처부모였을지도 모르지만 참으로 안타까운 광경이었다.

"부모보다 먼저 죽는 것은 불효"라는 말이 있다. 효(孝)는 유교에서 가장 중시하는 덕목이자 부모를 정성껏 섬기는 행위를 의미한다. 그런데 자식이 부모보다 먼저 죽으면 더는 효도를 할 수 없으니 그보다 더한 불효는 없다. "부모보다 먼저 죽는 것은 불행"으로 잘못 쓰이기도 하는데 부모의 입장에서 본다면 불행도 맞는 말이다.

또한 불교에는 '역연(逆緣)'이라는 말이 있다. 본래 불교의 가르침을 믿지 않는 것을 의미했으나, 점차 나이 많은 사람이 나이 어린 사람을 공양하는 상황을 뜻하게 되었다. 전하여 자식이 부모보다 먼저 죽는 것을 의미하기도 한다.

평균수명이 짧았던 시대에는 젊은 나이에 죽는 사람이 많았기 때문에 자연히 부모보다 먼저 세상을 뜨는 불효와 역연도 비일비재했지만, 지금은 시대가 크게 바뀌어 설사 고령에 죽더라도 불효와 역연을 저지르는 상황에 이르렀다. 특히 여성과 남성의 평균수명은 차이가 있어 부녀간에서는 덜하지만 모자간에서는 자식이 먼저 죽는 경우가 더욱 흔하다. 〈엔딩 노트〉의 주인공 남성도 고향의 어머

이제는 부모를 버려야 한다

니보다 먼저 생을 마감했다. 그러나 이것은 초장수 사회가 초래하는 한 가지 현상에 불과하다.

우리 사회는 급증하는
고독사를 막지 않는다

초장수 사회로 접어들면서 생기는 문제가 또 하나 있다. 바로 '고독사'와 '무연사(無緣死)'의 증가다. 그 배경을 살펴보면 부모를 버릴 수밖에 없는 현실이 더욱 실체를 드러낸다.

고독사와 무연사가 세상의 이목을 끌게 된 계기는 2010년 NHK 스페셜 방송 〈무연사회 – 무연사 3만 2,000명의 충격〉이라는 프로그램이었다. 무연사란 혼자 살던 사람이 사망한 후 사체가 며칠 지나도 발견되지 않는 사태를 가리킨다. 고독사라고도 불리는 이러한 죽음을 맞이하는 사람이 연간 3만 명을 넘는다고 한다. 이 방송은 무연사를 몹시 쓸쓸하고 안타까운 죽음으로 묘사하는 내용이었다.

혼자 살다가 갑자기 쓰러지면 도움을 구하고 싶어도 몸이 움직이지를 않는다. 몸을 움직이지 못하면 식사를 할 수 없다. 아무리 굶

주려도 도움을 요청할 수 없으니 점차 육체가 쇠약해진다. 그렇게 아무도 없는 곳에서 어느새 죽어 간다. 사람이 죽어도 주변에서 알지 못하므로 사체는 방치된 채 부패가 진행된다. 이윽고 누군가가 수상한 낌새를 느끼고 방 문을 열었을 때는 악취가 진동하고 사체는 백골로 변해 있을 따름이다. 더구나 가족이 있는지조차 알 길이 없다. 이웃과 교류가 없어서 정보를 아는 이가 없기 때문이다. 경찰이 수소문 끝에 가족을 찾아도(요즘 경찰은 참으로 뛰어나서 대개 가족을 찾는 데까지는 성공한다) 이미 수십 년간 인연을 끊고 산 탓에 장례식도 시신 인수도 하지 않겠다고 거절당한다.

이런 경우 고인은 '행려사망자(行旅死亡者)'로 취급받는다. 당시 NHK 방송을 통해 행려사망자라는 말을 처음 접한 사람도 있을 것이다. 행려사망자란 이를테면 길에서 쓰러져 죽은 객사자나 다름없다. 행려사망자로 처리되면 장례 대행업체에서 화장으로 장사를 치를 뿐이다. 유골은 절에 위탁하여 합동으로 제사를 지낸다. 물론 그곳을 찾는 이는 아무도 없다.

무연사가 이러한 과정을 거친다면 몹시 쓸쓸하게 느껴지는 것이 사실이다. 실제로 이 프로그램이 방송되기 몇 해 전에 유명한 여배우들의 고독사가 잇따라 발생했다. 2008년 12월, 전 탤런트 이지마 아이의 사체가 친척 여성에게 발견됐다. 사후 일주일이 지난 시점이었다. 이지마 아이는 연예계에서 은퇴한 후 동료들과 교류도 없었다고 한다. 향년 36세였다. 2009년 8월에는 여배우 오하라 레이코가 역시 사후 사흘이 지나서 발견됐다. 오하라 레이코는 1년 전 발병했던 '길랭바레 증후군'이 재발하여 사망 당시 몸을 자유롭게 움직일 수 없는 상태였다. 62세의 죽음이었다.

배우는 화려한 전성기를 보내기 때문에 일반인에게는 그 시절의 인상이 강하게 남아 있다. 그만큼 여배우가 고독사했다는 뉴스에 본인과는 전혀 관계가 없는 사람인데도 연민을 느끼고 만다. 그런데 어쩌면 고독사로 죽은 사람은 며칠 내내 고통을 겪은 것이 아니라 심장 발작 등으로 즉사했을지도 모른다. 그러면 자신이 혼자 죽어 간다는 사실에 외로워할 틈도 없었을 것이다. 죽은 후에는 이미 의식이 사라지므로 쓸쓸함을 느끼지 못한다. 쓸쓸하다고 느끼는 사람은 '만약 내가 그렇게 된다면' 하고 자신의 미래를 투영하는 타인이다.

사람은 대부분 홀로 죽는다. 사고사를 당하거나 동반 자살이라도 하시지 않는 한 함께 죽는 사람은 없다. 가령 병원에 입원해도 밤중에 증상이 급격히 악화되면 간호사가 눈치채기 전에 숨을 거둘 가능성이 있다. 사망이 발견되는 것은 다음 날 아침이다. 이런 경우나 고독사나 죽는 장소만 다를 뿐이다.

고독사는 지금도 꾸준히 늘고 있다. 그만큼 고독사의 예방 대책이 필요하다는 목소리가 높아지면서 정부와 지자체에서도 대책을 세우고 있다. 그러나 간병 살인의 경우에도 마찬가지였지만, 무슨 일이 있어도 고독사를 막아야 한다는 분위기는 형성되지 않았다. 진지하게 고독사를 없애야 한다고 제창하며 열심히 활동하는 곳은 일부 종교 단체 정도다. 여러 지역에 네트워크가 있는 종교 단체에 소속되면 신자들이 자주 들르기 때문에 고독사라는 사태는 막을 수 있을지도 모른다.

일평생을
홀로 보내는 사람들

현재 일본 사회에서 고독사로 생을 마감하는 사람은 홀로 사는 이들이다. 동거자가 있다면 고독사는 발생하지 않는다. 따라서 1인 가구가 증가할수록 자연히 고독사도 늘어날 수밖에 없다.

2010년 국세조사에서 일본의 총가구 수는 5,184만 2,000세대, 그 중 1인 가구는 1,678만 5,000세대였다. 전체의 32.4%에 달해 역대 최다를 기록했다. 그보다 20년 전인 1990년 국세조사에서는 총가구 수 4,067만 세대, 1인 가구 939만 세대였다. 20년 사이에 총가구 수는 1.27배 늘어났지만 1인 가구는 1.79배나 증가했다. 즉, 1인 가구의 증가는 전체 가구 수가 늘어난 결정적인 요인이라고 할 수 있다.

물론 1인 가구가 모두 고령자인 것은 아니다. 1인 가구의 비율이 높은 세대(世代)는 성별에 따라 다르게 나타난다. 남성은 20~24세에 약 30%로 정점을 찍고 그 이후로 낮아진다. 결혼해서 가정을 꾸리는 남성이 늘어나기 때문이다. 그리고 70~74세에서 1인 가구 비율이 다시 높아져 10%를 초과하지만, 그 이상 연령이 올라가도 비율은 높아지지 않는다.

한편, 여성의 1인 가구가 가장 많은 세대는 80~84세로 전체의 26%에 달한다. 처음 높은 비율을 보이는 20~24세의 21%를 웃도는 수치다. 평균수명이 상대적으로 긴 여성이 남편의 사후에 홀로 사는 경우가 많은 탓으로 보인다.

다만 시간이 흐를수록 여성은 20대 초반의 1인 가구 비율이 늘어나고 있는 반면, 남성은 정점을 찍은 20~24세 이후에 1인 가구 비율이 큰 폭으로 증가하고 있다. 그 이유는 미혼 남성이 늘고 있기 때문이다. 평생 한 번도 결혼하지 않는 '생애 미혼율'이 높아지고 있다는 점으로 미루어 보아 앞으로도 1인 가구 비율은 더욱 증가하리라 예상된다. 말하자면 거의 일평생을 홀로 보내는 사람이 점점 많아진다는 뜻이다.

1인 가구가 늘어난 근본적인 원인은 1940년대 후반부터 사람들이 대거 농촌에서 도시로 나와 새로운 가구를 꾸렸기 때문이다. 농촌에서는 대체로 여러 세대가 함께 생활한다. 3세대 동거는 기본이고 대대손손 함께 사는 4세대 동거 가구도 눈에 띈다. 도시의 핵가족과는 달리 농촌의 가정은 경제적 공동체의 성격이 짙기 때문이다. 따라서 가족들도 가정을 지키는 일에 적극적이다. 과거에는 가정을 지키기 위해 사활을 걸기도 했다.

그러나 소규모 핵가족으로 이루어진 도시의 가정은 대대로 이어지기가 힘들다. 부부만으로 이루어진 가정에 아이가 태어나더라도 자녀 수는 대체로 한둘이거나 많아야 셋이다. 즉, 부부에 자녀를 포함한 서너 명이 핵가족의 기본적인 구성이다. 이러한 핵가족은 2세대 동거다. 부부 어느 한쪽의 부모를 모실 경우 3세대 동거가 되지

이제는 부모를 버려야 한다

만, 부모가 세상을 떠나면 다시 2세대 동거로 돌아간다. 더욱이 자녀가 진학, 취업, 결혼 등으로 독립하면 남는 것은 부부뿐이다. 그리고 부부 중 한 사람이 죽으면 마지막에는 1인 가구가 되고 만다.

경제적 공동체로서의
기능을 상실한 가정

도시의 가정은 그리 머지않은 미래에 사라질 수밖에 없는 숙명을 안고 태어난다. 핵가족의 수명은 결혼으로 가정이 생겨난 시점부터 남은 부부 중 어느 한쪽이 생을 마감하는 시점까지 50여 년 남짓이다. 핵가족은 마지막 단계에 필연적으로 1인 가구화된다. 또한 핵가족에서 성장한 자녀가 그 집에서 독립하는 시점에 결혼하지 않은 상태거나 혹은 평생 결혼하지 않는다면 1인 가구가 계속 늘어날 뿐이다.

  도시에는 각종 편의 시설이 갖춰져 있어 혼자 살아도 불편하지 않다. 농촌에도 편의 시설이 생겼을지 모르지만 여전히 혼자 살기에는 불편한 수준이다. 최근에는 '1인 손님'을 우대하는 곳도 생겨 도시에서 혼자 생활하기가 예전보다 더욱 편해졌다. 굳이 결혼해서 가정을 꾸리고 힘들게 육아를 해야 하는 이유는 무엇일까? 이 질문에 대답을 찾기가 점점 어려워지고 있다.

가정이 경제적 공동체로 기능했던 시대에는 가정을 존속시키는 것이 지상명령이었으므로 장남이 결혼하지 않거나 후사를 보지 않는 일은 상상할 수 없었다. 가정이 무너지면 생활이 유지되지 않으니 온 식구가 가정에 매달리는 수밖에 없었다.

지금도 가부키 배우에게는 결혼이 의무나 다름없으며 결혼 후에는 자식, 특히 아들을 낳아야 한다는 압력이 여러 형태로 가해진다. 자식은 집안의 기예를 후손에 대물림하기 위해 필수불가결한 '전력'이기 때문이다. 가부키 집안의 자손이 첫 무대에 오르면 후원자들이 한달음에 달려가 축의를 보낸다. 그 자손이 성장하면 부모가 출연하는 무대에 함께 선다. 그리고 배우끼리 인척 관계를 맺은 후 습명(선대의 이름을 계승하는 일_옮긴이)을 공표할 때는 "친척의 한 사람으로서 습명의 무대에 선 것을 더없이 기쁘게 생각합니다"라고 연설한다.

이러한 가정이라면 자식을 반드시 낳아야 한다는 생각에 의문을 느끼지 않는다. 의문이 생길 여지조차 없다. 반면에 도시에서 형성

이제는 부모를 버려야 한다

된 핵가족은 경제적인 기능을 하지 않으므로 가정을 만들어야 할 의미를 발견하지 못하는 사람들이 생긴다.

결혼을 하면 부부 양쪽의 친척과도 교류가 확장되는데 이 관계가 때로는 성가시게 느껴진다. 하지만 예정된 성가심을 감내하면서까지 결혼을 강행해야 할 이유는 찾기 힘들다. 이것이 오늘날의 현실이다.

만약 회사원 가정에서 자식을 낳아야 할 의미가 있다면, 자식을 매개로 지역사회와 이어지는 것 정도이다. 특히 어린이집이나 유치원, 초등학교에 다니면 학부모끼리 관계가 형성되고 지역사회와 연관되는 일이 많아진다. 이러한 관계는 독신자에게는 생기지 않는다. 그러나 지역과의 연결고리는 살아가는 데 필수적인 요소가 아니다. 지금은 자신이 속한 지역에 지인이 전혀 없더라도 살면서 큰 불편이나 외로움을 느끼지 않는다. 이처럼 도시와 농촌의 환경은 크게 다르다.

붕괴된 가족,
간병 여력이 없다

이제 결혼하고 아이를 낳는 것은 인생의 한 가지 선택지, 즉 '옵션'이 되었다. 그 옵션을 선택하느냐 마느냐는 본인에게 달렸다. 하물며 불안정한 고용 시장에서 비정규직으로 일하고 있다면 결혼은 그야말로 그림의 떡이다. 모든 상황이 가정을 꾸리지 않는 방향으로 흘러가고 있다. 우리는 바야흐로 '가정 없는 사회'로 나아가고 있음을 인식해야 한다.

이처럼 약체화된 가정에서 간병을 하기란 거의 불가능에 가깝다. 예전처럼 식구 수가 많다면 각자 역할을 분담하여 고령자를 간병할 수 있다. 그러나 현대의, 특히 도시에서 생겨난 가정에서는 고령자를 간병할 수 있는 사람이 기껏해야 한두 명이다. 결국 일대일 간병을 해야 하는 상황에서 고령자의 요간병 수위가 2에서 3으로, 3에서 4로 올라가면 자택에서 할 수 있는 간병은 한계에 다다른다. 도저히 다른 일과 병행하기 힘들어서 간병에 전념하고자 직장을 그만둔다면 그 집의 생활은 붕괴한다. 현대의 가정에서는 구성원을 끝까지 지켜낼 힘이 없다. 그럼에도 자택에서 간병을 한다면 결국 파국으

이제는 부모를 버려야 한다

로 끝날 것이 불을 보듯 뻔하다.

《마이니치신문》이 2016년 1월에 간병 및 헬스 케어 사업사인 '인터넷 인피니티'와 공동으로 시행한 설문조사에서는 간병 가족과 교류하는 케어 매니저의 55%가 "살인이나 동반 자살이 일어나도 이상하지 않다고 느낀 적이 있다"라고 답했다. 실제로 간병 살인이 발생했다고 답변한 케어 매니저도 있었다(《마이니치신문》, 2016년 2월 28일자 조간).

일본은 세계에서 가장 빠른 속도로 초장수 사회에 돌입하고 있다. 고령자도, 후기 고령자도 여간해선 죽지 않는 사회가 되었다. 이것 자체는 축복할 만한 일이자 전 세계에서 부러워할 만한 현상이다. 그러나 나이가 들면 어쩔 수 없이 간병 문제가 발생한다. 옛날처럼 식구 수가 많고 가정이 공동체의 성격을 지니던 시대에는 자택에서 고령자를 돌볼 수 있었다.

내가 초등학교에 입학했을 무렵, 조부가 72세의 나이로 별세하셨다. 내 기억에 조부는 치매를 앓았었고 자주 크고 작은 사고를 일으켰다. 조부는 도쿄제국대학(도쿄대학의 옛 이름_옮긴이)을 졸업한 분이었지만 당시 내 눈에는 사고뭉치 치매노인에 불과했다. 그러나 당시 우리 집에는 조모가 계시고 내 부모가 계셨으며 누이가 있었다. 3세대가 함께 살아 조부를 간병할 여유가 있었다. 조부의 행동은 가족을 곤경에 빠뜨리기는 했지만 아주 심각한 수준은 아니었다. 그 무렵의 나는 아직 어려서 알아채지 못했을지도 모른다. 그러나 간병인은 적어도 조모와 어머니 두 분 이상이었고, 아버지는 굳이 일을 그만둘 필요가 없었으며 따라서 일가의 생활도 파멸하지 않았다.

오늘날 가정의 힘은 완전히 쇠락했다. 연로한 부부끼리 혹은 연로한 부모와 자녀 한 명으로는 간병을 지속할 여력이 없다. 언젠가 벼랑 끝으로 내몰릴 수밖에 없다. 앞으로도 간병에 시달리는 가정은 늘어나고 각 가정의 힘은 더욱 약해질 것이다. 부모를 버리는 선택이 절실한 문제로 떠올라야 할 결정적인 이유다.

이제는 부모를 버려야 한다

제3장

부모 자식 간
유대의 함정

재산이 얼마 없는 사람까지 자녀에게 재산을 남기려고 생각한다. 그러나 유산은 많든 적든 자녀들 간의 갈등을 초래한다. 그럴 바에야 유산은 남기지 않는 편이 낫다. 그래야 "자식에게 부담을 주고 싶지 않다"라는 뜻을 실현할 수 있다.

자식에게 부담을
주고 싶지 않다

지금 고령자들 사이에서 "자식에게 부담을 주고 싶지 않다"라는 말이 떠오르고 있다. 이 표현은 다양한 장면에서 쓰인다. 특히 TV 인터뷰에서 고령자에게 장례식이나 장지 등 자신의 사후와 관련된 생각을 물으면 어김없이 흘러나온다.

당연한 얘기지만 사후의 일은 고인이 직접 처리할 수 없다. 그러므로 반드시 누군가가, 대개는 자녀가 고인의 훗일을 맡아서 수습해야 한다. 이러한 과정은 자식에게 피해가 될 수 있으므로 되도록이면 짐을 덜어 주고 싶다는 뜻이다.

적극적인 사람은 자녀에게 부담을 주지 않기 위해 '종활(終活)'이라고 불리는 인생의 마지막을 준비하는 활동에 뛰어든다. 종활이란 취업 활동의 줄임말인 '취활'과 일본어 발음이 같은 데서 유래한 신조어로, 2009년 《주간 아사히》에서 처음 사용하며 널리 퍼졌다. 졸저 《장례는 필요 없다》가 간행된 것은 이듬해인 2010년 1월이다. 즉, 종활은 사회적으로 죽음에 대한 관심이 높아진 시기에 탄생한 말이다.

종활의 범위는 무척 넓다. 엔딩 노트나 유언서의 작성을 비롯하여 임종을 대비한 신변 정리, 상속 방식 결정, 장지 구입 등 활동 내용도 다양하다. 종활에 포함되는 상속, 장례, 장지 문제가 저마다 목돈이 드는 일이다 보니 '종활 산업'이라는 분야가 생겨나고 종활 전문 잡지가 간행되기에 이르렀다. 심지어 종활과 관련된 상담을 해 주는 종활 코디네이터라는 직업과 자격증까지 생겨났다.

그 배경에는 2015년 연간 사망자 수가 130만 명을 넘어섰다는 현실이 있다. 아무리 평균수명이 늘어나도 죽음은 피할 수 없다. 하물며 그 수는 매년 증가하고 있어서 2025년에는 연간 사망자 수가 160만 명을 초과할 것으로 추정된다. 사망자가 증가한다는 말은 그만큼 종활 대상자가 늘어난다는 뜻이다. 종활 산업은 앞으로 더욱더 활기를 띨 전망이다.

이러한 상황이기에 "자식에게 부담을 주고 싶지 않다"라는 키워드가 떠오르는 것이다. 그러나 부모가 아무리 자녀에게 부담을 주지 않겠다고 다짐한들 마음대로 되지 않는 경우가 자주 발생한다. 현실에는 여러 장애물이 놓여 있기 때문이다. 그리고 무엇보다 큰 문제는 종활을 준비하는 사람들이 그 사실을 인식하지 못하고 있다는 점이다. 먼저 간단한 예를 살펴보자.

가족장이
늘고 있다

대표적인 종활의 하나는 장례 방식과 묘지를 생전에 결정하는 것이다. 당사자가 미리 정해 두면 자녀의 부담을 덜 수 있기 때문이다. 현재는 큰돈을 들이지 않고 가족만 참여하는 '가족장'이 보급되어 장례의 중심을 이루고 있다. 또한 장례식 없이 화장터로 직행하는 '직장(直葬)'이 수도권에서 시행되는 장례의 25%를 차지하는 실정이다. 직장을 하면 대개는 승려를 화장터로 부르지 않는다. 일본에서 일반적으로 시행하는 불교식 장례와 상이한 점이다.

요즘에는 장례를 집안사람들끼리만 조용히 치른다고 손가락질하지 않는다. 장례를 성대하게 치르지 않으면, 혹은 고인의 공적에 걸맞은 화려한 장례식을 올리지 않으면 체면이 안 서는 시대는 지났다.

각 지방에는 그 지역에서만 판매하는 신문이 있다. 이러한 지방 신문은 '부고란'이 인기다. 예전에는 해당 지역 주민이 사망하면 반드시 언제 어디에서 장례식을 치르는지 부고란에 게재했다. 그런데 최근에는 신문 부고란에 부고를 게재하지 않는 유족이 많다. 부고란을 훑어보는 것이 취미라는 한 독자로부터 들은 이야기다.

이제 조용히 생을 마감하고 장례식도 소리 소문 없이 치르는 문화가 자리를 잡아 가고 있으니 장례로 인해 자녀가 부담을 느낄 일은 줄어든 셈이다. 게다가 생전에 장례 방식을 정해 두면 유족도 한시름 놓을 수 있다. 그런 면에서는 종활에도 분명 의미가 있다.

다만 장례 후에는 묘지라는 난관이 기다리고 있다. 현재 '화장 대국'인 일본에서는 사망 시 99.9%가 화장된다. 이 정도로 화장이 보편화한 나라는 세계적으로도 찾아보기 힘들다. 토장이 전면적으로 금지된 것은 아니다. 산간에서는 아직 토장의 풍습이 남아 있으나 극히 소수에 불과하며 지금은 토장에 혐오감을 느끼는 사람마저 있다. 불과 20~30년 전까지만 해도 토장이 보편적이었다는 점을 생각하면 죽음을 대하는 가치관이 참으로 쉽게 변한다는 사실을 알 수 있다. 이 사실은 중요한 시사점을 제시한다.

화장하고 남는 유골이나 골분은 기본적으로 유족이 처리해야 한다. 가장 일반적인 방식은 땅에 묻는 것이다. 옛날에는 어느 집에나 반드시 묘지가 있었으므로 이 방식에 아무도 의문을 느끼지 않았다. 그런데 지금은 묘지가 없는 집이 늘어나고 있다.

화장을
원하는 사람들

보험 클리닉이라는 상담 회사가 2015년 8월에 남녀 250명씩 총 500명을 대상으로 실시한 웹 설문조사가 있다. 이 조사에 따르면 "묘지를 마련했습니까?"라는 질문에 대한 답변으로 "선조 대대로 내려오는 묘지가 있다"가 52.6%, "생전에 마련했다"가 9.0%, "마련할 예정이다"가 10.2%, "마련하지 않는다"가 28.2%를 차지했다. "마련할 예정이다"와 "마련하지 않는다"를 합한 38.4%는 현재 묘지가 없는 셈이다.

그렇다면 마련하지 않는다고 답한 사람들의 사후 계획은 무엇일까? 이에 관한 질문은 없었지만 "어떤 장지 혹은 어떤 매장 방법을 원합니까?"라는 질문을 보면 대략 추측할 수 있다. 500명 중 216명이 추모공원·공동묘지, 101명이 산골(散骨), 80명이 가까운 절이나 교회, 54명이 수목장, 43명이 납골당, 6명이 기타를 선택했다. 이 중에서 산골과 수목장을 합하면 155명으로 전체의 31.0%에 해당한다. 이 숫자는 묘지를 마련하지 않는다고 답한 28.2%에 가깝다. 즉, 묘지를 구입할 예정이 없는 사람은 산골이나 수목장을 염두에 두고 있으리라 추측된다.

문제는 수목장의 개념을 잘못 이해하고 있는 사람이 많다는 점이다. 앞의 설문조사에서도 수목장의 의미를 정확히 이해하지 못한 채 희망한 사람이 있으리라 생각한다. 수목장은 비교적 최근에 생겨난 매장 방식인데, 묘지로 인가받은 곳에서만 시행할 수 있다. 묘비를 세우는 대신 수목을 심는 것이 정확한 의미의 수목장이다. 그런데 수목장을 희망하는 사람은 대개 묘지에 매장하는 행위와 별개인, 오히려 산골에 가까운 방식을 수목장이라고 인식하고 있다. 수목장에도 묘지가 필요한 이상 그곳을 관리하는 사람과 관리비도 마련해야 하는데 이 점을 간과하고 있는 것이다.

묘지와 관련된 문제로 "자식에게 부담을 주고 싶지 않다"라고 말할 때 다시 한번 산골이라는 선택지가 떠오른다. 500명을 대상으로 한 설문조사에서 20% 넘는 사람들이 산골을 희망했다는 말은 그만큼 산골이 일반화되었다는 뜻이다. 그러나 산골을 희망하는 사람의 뜻이 실제로 이루어지는가 하면 현실은 꼭 그렇지만은 않다.

고인의 뜻을
받아들이지 않는 자녀들

2013년 4월 14일 90세의 일기로 별세한 배우 미쿠니 렌타로는 "계
명(불교식 장례에서 승려가 고인에게 지어 주는 이름_옮긴이)은 필요 없다",
"산골을 한 후 누구한테도 알리지 말라"라고 유언을 남겼다. 미쿠니
렌타로가 산골을 희망한 것은 단순히 '자식에게 부담을 주고 싶지
않다'는 이유뿐만이 아니라 본인의 신앙과도 관련이 있다.

미쿠니 렌타로는 정토진종(일본 불교 종파의 하나_옮긴이)의 신도로서
창시자인 신란을 경애했으며, 1987년에는 신란의 전기 영화인 〈신
란, 하얀 길〉을 제작·감독했다. 이 작품은 칸 국제영화제에서 심사
위원 특별상을 받았다.

신란은 "내가 눈을 감거든 가모가와강에 던져 물고기에게 줄지어
다"라는 유언을 남겼다. 만년의 신란은 교토에서 생활하다가 별세
했는데, 자신이 죽으면 그곳에 흐르는 가모가와강의 물고기 먹이가
되겠노라고 유언을 남긴 것이다.

아마도 위와 같은 신란의 유언이 미쿠니 렌타로에게도 영향을 미
쳤으리라고 생각한다. 그러나 신란의 유언도 미쿠니 렌타로의 유언

도 실현되지 않았다.

신란은 승려임에도 자녀를 여럿 두었는데 그중에 가쿠신니라는 딸이 있었다. 신란은 말년에 가쿠신니에게 간병을 받았는데, 딸은 아버지의 시신을 가모가와강에 흘려 보내는 대신 공양을 하기 위해 암자를 세웠다. 이것이 혼간지라는 사찰의 기원이다.

미쿠니 렌타로의 사후도 신란과 겹치는 부분이 있다. 산골되지 않고 니시이즈에 위치한 사토가의 묘지에 매장되었다. 아들인 사토 고이치가 강력히 주장했기 때문이라고 전해지나 그가 왜 매장에 집착했는지는 알 수 없다.

하지만 신란과 미쿠니 렌타로의 사례처럼 고인이 생전에 산골을 원했음에도 실제로 이루어지지 않는 경우는 자주 발생한다. 우선 부모와 자녀의 가치관이 충돌하기 때문이다. 부모의 기본 방침은 자식에게 부담을 주지 않는 것이므로 묘는 만들지 말고 산골을 하기를 바란다. 여기에는 매장을 원하지 않는 본인의 뜻과 어차피 죽을 텐데 묘지가 무슨 소용이냐는 생각이 영향을 미친다. 그러나 아들딸 입장에서는 "자식에게 부담을 주고 싶지 않다"라는 말에 꽤나 거리감을 느낀다. 부모가 자신을 의지하지 않는다는 의미처럼 들려서 쉽게 받아들이지 못하는 것이다.

이제는 부모를 버려야 한다

여전히 성묘가
중요한 사람들

하지만 부모와 자녀의 가치관 차이는 사소한 이유에 불과하다. 그보다 중요한 문제는 바로 성묘다. 산골을 하면 묘지를 만들지 않는 것이 일반적이고, 묘지가 없으면 성묘를 갈 수 없다. 이것이 자녀가 부모의 뜻을 어기면서까지 산골을 거부하는 가장 큰 이유다.

사람들은 성묘라는 풍습을 중요하게 여긴다. 라쿠텐 리서치 주식회사가 2014년 오본(주로 양력 8월 15일 전후로 지내는 일본 최대의 명절_옮긴이) 직후인 8월 17~18일에 1,000명을 대상으로 실시한 '성묘에 관한 조사'에서 그해 한 번이라도 성묘를 다녀온 사람의 비율은 65%를 넘었다. 평균 횟수는 2.5회였다. 20대는 54%로 평균에 못 미쳤지만 40대 이후로는 전 세대에서 70% 넘는 사람들이 성묘를 한 번 이상 갔다고 답했으며, 오본에만 전체의 3분의 1에 해당하는 사람들이 성묘를 다녀왔다고 응답했다.

일본에는 장례를 지낸 후에도 몇 년에 걸쳐 여러 차례 고인을 추모하는 불교 의식이 있는데 최근에는 이를 생략하는 경향이 나타나고 있다. 제사 역시 지내지 않는 집안이 늘어나면서 오히려 성묘는 활발히 이루어지고 있다. 성묘 외에는 가족이 한꺼번에 모일 기회가 없는 탓이다. 그런 연유로 부모가 산골을 희망해도 자녀가 거부하는 것이다.

부모와 자녀의 가치관이 충돌하는 이유는 장례를 치러 본 경험의 유무와도 관련이 있다. 부모 세대는 이미 자신의 부모가 세상을 뜰 때 장례식, 매장, 상속이라는 과정을 경험했다. 즉, 그 과정이 얼마나 번거로운지 경험을 통해 알고 있다.

나는 《장례는 필요 없다》를 간행한 직후 이 책의 독자 여러 명과 만날 기회가 있었다. 그 독자들 중 최근에 근친자의 죽음을 경험한 사람은 이구동성으로 책을 좀 더 빨리 읽고 장례에 대한 생각이 바뀌었더라면 좋았을 것이라고 말했다. 그만큼 실제로 겪어 보지 않으면 장례가 얼마나 힘들고 번거로운지 알 수 없다.

무엇보다 장례는 준비가 안 된 상황에서 치르는 경우가 많다. 오랫동안 지병을 앓아 온 고령자도 언제 세상을 떠날지 알 수 없다. 어느 날 갑자기 찾아오는 죽음의 속성은 장례가 더욱 힘들어지는 원인 중 하나다. 그런데 자녀는 대체로 이러한 경험이 없기 때문에 부모가 겪은 고생을 이해하기 힘들다. 따라서 "자식에게 부담을 주고 싶지 않다"라는 부모의 뜻을 받아들이지 못한다. 그 결과 묘지가 없으면 성묘를 할 수 없다는 사실에 집착하고, 부모의 뜻에 반대하는 이유로 성묘를 안 가면 "체면이 안 선다"라는 말을 꺼내기도 한다.

가정의 약체화로 인해
늘어나는 무연묘

일본에서 성묘는 그리 오랜 옛날부터 전해져 온 풍습이 아니다. 그러나 사람들은 의외로 이 사실을 모르고 있다.

　과거 토장을 하던 시대에는 마을 공동묘지에 시신을 묻었고, 시간이 흐르면 관과 시신이 부패하여 땅이 함몰했다. 따라서 묘지에 묘비를 세우지 않았다. 이러한 묘를 민속학에서는 '매장묘'라고 부른다. 한편, 지주나 촌장을 지내는 마을 명문가에서는 '공양묘(고인의 추모만을 위해 만든 묘_옮긴이)'를 만들어 이곳에서 성묘를 했다. 그러나 일반 서민 가정에서는 공양묘를 만들지 않았으며 물론 성묘도 하지 않았다. 사실 명문가에서도 공양묘의 위치가 바로 집 근처라 수시로 오갈 수 있었기 때문에 지금의 성묘와는 개념이 다르다.

그렇다면 토장이 일반적이었던 시대에 서민 가정에서는 공양을 하지 않았을까?

당시 공양의 중심은 집 안의 '불단'이었다. 불단에 고인의 위패를 모시고 그 앞에서 합장하며 선조를 기렸다. 정토진종 신자가 많은 호쿠리쿠 지방에서는 큰 불단을 사서 부쓰마(불상이나 위패를 모신 방_옮긴이)까지 만들었다. 그리고 은거한 노인이 부쓰마에서 지내는 생활양식이 확산되었다. 또한, 절의 '위패당'에 마련된 불단에서 고인을 공양하기도 했다.

지금과 같은 성묘 풍습은 1940년대 후반 도시 사회에서 확산되었다. 지방에서 올라온 도시 사람들은 고향에 묘지가 있어도 자신들이 이용하기는 힘들었다. 도시 생활이 길어지면 새로운 곳에 정착하여 고향으로 다시 돌아가지 않기 때문이다. 따라서 도시에 묘지를 마련해야 하는데 집 근처는 대체로 땅값이 비싸서 엄두를 내지 못했다. 그 결과 자연히 교통이 불편한 교외의 공동묘지를 찾게 되었다.

이러한 묘지에는 역시 비슷한 시기에 보급된 자가용을 타고 갔다. 그리고 자신들이 사는 집은 비좁아 불단을 만들지 않았다. 그리하여 평소에 집 안의 불단에서 고인을 공양하는 대신 1년에 한두 번

가족끼리 성묘를 가서 고인을 추모하는 풍습이 생겨난 것이다. 결코 옛날부터 전해져 온 문화가 아니다.

하지만 묘지란 성가시다. 묘지를 지키고 관리할 사람이 필요하기 때문이다. 묘지를 사더라도 구입자가 그 땅을 소유할 수 있는 것은 아니다. 소유자는 묘지를 관리하는 사람이고 사용자는 그곳을 빌릴 뿐이다. 골프장 회원권 같다는 생각이 들 테지만 사용권의 전매가 불가능하다는 점에서는 전혀 다르다. 게다가 매년 '관리비'를 지급해야 한다.

관리비를 체납하면 그 묘는 '무연묘'가 된다. 지금 전역에서 무연묘가 급증하여 문제시되고 있다. 무연묘가 증가하고 있을 뿐 아니라 새로운 묘를 만들어도 급속도로 무연묘로 변해 간다. 가령 현시점에서는 묘를 돌보고 관리비를 부담할 가족이 있더라도 앞날은 불투명한 경우가 태반이다. 제2장에서 언급했듯이 이러한 사태가 일어나는 원인은 핵가족화의 영향으로 현대의 가정이 약해졌기 때문이다. 가정의 약체화로 인해 무연사가 증가했듯이 무연묘도 늘어나고 있는 것이 현실이다.

유산이 적을수록
갈등이 심해진다

사실 장례 방식이나 묘지 자체는 아직 그리 심각한 문제가 아니다. 이미 고인이 된 부모는 장례가 어떻게 치러지든 혹은 치러지지 않든 불만을 제기할 수 없는 까닭이다. 살아생전 산골을 희망했는데 왜 매장을 했느냐고 혼을 낼 수도 없는 노릇이다. 결국 사후의 일은 살아 있는 사람의 의사가 가장 우선시된다.

그런데 만약 여기에 돈이 얽히면 사태는 더욱 심각해진다. 종활의 영역에는 상속까지 포함된다. 재산이 조금이라도 있으면 가족을 비롯한 관계자가 상속 대상이 된다. 상속 절차는 매우 복잡하여 민법에서는 '법정상속분'을 통해 누가 상속인이 될 것인지, 상속인들 사이에서 유산을 어떻게 분할할 것인지를 법률로 정하고 있다. 그런데 고인이 유언을 남기면 상속인 간의 분할 방법을 결정할 수 있다. 특정 개인에게 유산을 전액 물려주겠노라 유언하는 것도 가능하다. 단, 그 유언은 상속인에 해당하는 사람들이 인정했을 때만 실현된다. 재산을 받지 못한 유족에게는 '유류분 반환청구권'이 있어서 상속인 자격이 있는 사람이 유류분 반환청구권을 행사하면 법정상속

이제는 부모를 버려야 한다

분의 절반까지 확보할 수 있다. 상속인 자격이 있는데도 유산을 한 푼도 받지 못하는 일은 생기지 않는다는 뜻이다. 한편에서는 유언이 효력을 발휘하고 다른 한편에서는 법적으로 유류분이 인정되니 복잡한 문제가 생기게 마련이다. 이것이 유산을 둘러싼 분쟁이 빈번히 발생하는 원인이다.

법무사인 지인의 말에 따르면 상속으로 인한 갈등은 유산이 많은 집이 아니라 오히려 유산이 적은 집에서 생긴다고 한다. 언뜻 의외인 것 같지만 조금만 생각해 보면 일리가 있는 말이다.

우선 고액의 유산을 남기는 사람은 생전에 상속 문제를 어떻게 해결할지 전문가와 상담하여 면밀히 계획을 세우고 상속인에게도 미리 뜻을 전한다. 설령 본인에게 그럴 생각이 없더라도 주변에서 가만히 내버려 두지를 않는다. 당사자는 물론 주변 사람의 생활이 달려 있기 때문이다. 게다가 유산이 많으면 각 상속인이 받는 액수도 커지므로 그것을 어떻게 보전할 수 있을지에 관심이 집중된다. 예컨대 상속세에 대책을 세우는 문제 등에서 상속인 간의 이해가 일치된다.

그러나 유산이 적으면 고인이 생전에 충분히 계획을 세우지 않는 경우가 많다. 또한 이런 경우에는 대체로 상속인도 재산이 적기 때문에 자기 몫이 조금이라도 많아지기를 바란다. 비용이 드는 것을 꺼려 전문가에게 의뢰하지 않고 상속인끼리 논의를 하면 아무래도 마찰이 생기기 쉽다.

상속 문제로 형제자매가 연을 끊고 갈라섰다는 이야기는 심심찮게 들린다. 유산이 어중간하면 불행을 초래한다. 부모로서는 조금이라도 재산을 남기려고 필사적이지만 오히려 그로 인해 자식에게 부담을 안기게 된다.

갈등이 가장 심해지는 경우는 고인이 단독주택이나 아파트를 한 채 소유하고 있을 때다. 형제자매가 여러 명이라 상속인 수가 많아지면 누구 한 명이 그 집을 상속할 수 없다. 주택이나 아파트를 매각하고 현금화해서 분할한다. 예를 들어 자녀가 셋 있는데 그중 한 명이 부모와 함께 살며 간병했다고 가정해 보자. 유언장에는 그 자식에게 집을 물려준다고 적혀 있다. 그렇다면 과연 다른 형제자매가 순순히 받아들일까? 간병의 노고를 얼마만큼 인정해야 하는지에 관해서는 직접 간병을 한 사람과 그렇지 않은 사람의 온도 차가 두드러진다. 법정까지 가더라도 간병의 노고를 별로 인정하지 않는 경향이 있어 간병한 당사자로서는 몹시 불만이 생긴다.

이러한 현실을 생각하면 현재의 상속 시스템 자체가 이와 관련된

이제는 부모를 버려야 한다

사람들에게는 가혹하고 잔인하게 느껴진다. 유산을 남기는 사람이 종활의 일환으로 상속 문제를 열심히 고민해도 현실적으로는 잘 지켜지지 않는다. 종활은 결국 실패로 끝날 가능성이 높다. 무엇보다도 재산을 남기는 당사자는 이미 이 세상에 존재하지 않기 때문에 자녀들의 분쟁에 관여할 수 없다.

호주에게만
상속되던 유산

과거의 상속 방식은 지금과는 사뭇 달랐다. 상속 방식을 규정하는 법은 민법이다. 일본의 민법은 1898년 처음 제정된 후 1947년에 대폭 개정되었다. 현재는 개정된 민법이 시행되고 있으며 개정 전의 민법은 구민법(舊民法)으로 불린다. 현 민법과 구민법의 가장 큰 차이점을 살펴보면, 구민법에는 '호주(戶主)'라는 존재에 집을 통솔하는 권한이 부여되었으며 재산에 관해서는 '가독(家督)상속' 제도가 정해져 있었다는 점이다.

오늘날 호주라는 말을 세대주와 같은 의미로 쓰기도 하는데, 민법이 개정되면서 공식적으로 호주라는 명칭은 폐지되었다. 따라서 지금은 호주가 없으나 과거에는 호주에 강한 권한과 그에 부합하는 책임이 주어졌다. 또한 한집의 재산은 모두 호주에게 상속된다는 규정이 있었는데, 이것이 가독상속 제도의 가장 큰 특징이었다.

가독상속은 현 민법이 규정하는 '균분상속'과는 근본적으로 다르다. 균분상속은 상속 권리를 지닌 대상자에게 재산이 균등하게 분배되는 방식인 반면, 가독상속은 호주 외의 가족에게는 재산이 일절 돌아가지 않는다. 그 대신 호주에게는 다른 가족을 부양할 의무가 주어졌다. 이 점이 지금의 세대주와는 전혀 다른 부분이다. 가족이 결혼하거나 양자를 들일 때도 호주의 동의가 필요했으며 거주지를 정할 때도 호주에게 결정권이 있었다.

요즘 사람이 가독상속의 내용을 들으면 상당히 봉건적이고 다른 가족의 인권을 무시하는 처사처럼 느껴질 것이다. 실제로 그런 면도 분명히 있다. 하지만 구민법이 유효했던 시대에는 이러한 제도가 반드시 필요했다. 벼농사를 짓는 농가를 떠올리면 이해하기 쉽다.

농가는 벼농사를 짓기 위한 논을 소유한다. 얼마나 넓은 논을 소유하느냐에 따라 그 집의 재력이 결정되었는데, 개중에는 논이 없어서 지주의 땅을 빌려 경작해야 하는 가난한 농가도 많았다. 이른

이제는 부모를 버려야 한다

바 '소작농'이다. 그런데 1947년에 농지개혁이 시행되면서 소작농이 급격히 감소했다. 농지 전체 중 소작지의 비율이 46%에서 10%로 급감하고 자작농이 대거 늘어났다.

가령 한 자작농가의 호주가 사망했다고 가정해 보자. 현재의 균분상속 제도를 따르면 그 집이 소유한 농지가 자식들에게 평등하게 분배되지만, 자연히 한집당 소유하는 논의 면적이 대폭 줄어들어 논만 경작해서는 생활이 어려워진다. 반면에 가독상속 제도를 따를 경우 호주(대개는 장남)가 땅을 모두 상속받으므로 그 집의 경제 기반을 유지한 채 논농사를 이어갈 수 있다.

호주의 누이들은 다른 농가에 시집을 가야 했다. 그때 필요한 지참금을 준비하는 일도 호주의 책임이었다. 호주의 형제는 분가를 시키고 새로 집을 마련하게 했다. 단, 분가를 시킬 만한 경제적 여력이 없으면 호주가 되지 못하는 차남 이하는 장가를 들지 못한 채 장남의 집에 얹혀사는 신분이 되었다. 분가하지 못한 형제는 다른 집안에 양자로 들어가기를 기다리는 수밖에 없었으나, 농가에서는 상인의 집안에 더부살이로 보내기도 했다. 그리고 이렇게 남의 집으로 보내는 일을 가리켜 "입을 줄인다"라고 표현했다. 집에서 떠나면 그만큼 식비가 줄어들기 때문이다.

경제적 공동체와
가벼운 상속세

많은 사람이 가독상속은 구시대적이고 차별적인 제도이므로 폐지되어야 마땅하다고 생각할 것이다. 그러나 호주에게는 한편으로 은퇴한 노인을 돌보는 일부터 묘지를 지키고 선조를 공양하는 일까지 막중한 책임이 있었다. 또한 가독상속을 받지 못하는 형제자매는 전적으로 호주에 의존할 수 있었다.

물론 이런 제도가 유지되었던 까닭은 지금과는 달리 가정이 식구들의 생활을 지탱하는 경제적 공동체의 역할을 했기 때문이다. 농가뿐만 아니라 상인 집안이나 에도시대 무사 집안도 마찬가지였다. 상인 집안의 호주는 장사를 번영시킬 상재(商才)가 필요한데, 자식이 꼭 그러한 재주를 지닌 것은 아니었다. 도리어 집안에 경제력이 있으면 자식이 돈을 흥청망청 써서 재능을 기르지 못하는 경우가 많았다. 그런 방탕아에게 가업을 물려줄 수 없으니 우수한 일꾼에게 가업을 잇게 하고 딸과 혼인을 시키기도 했다. 집안을 지키는 일이 무엇보다 중요했기 때문이다.

메이지시대에 들어서자 이러한 상인 집안에서 재벌이 생겨나기

이제는 부모를 버려야 한다

시작했다. 현재 대다수의 기업은 주식회사지만 예전의 재벌은 사원이 무한한 책임을 지는 대신 이익을 독점할 수 있는 합명회사나 합자회사의 형태를 띠었다. 기업의 중추에 창업자가 있고 그 집안이 계속 기업을 소유한 것이다. 과거에 이런 재벌 오너와 대지주가 존재했던 배경에는 가독상속 제도가 있다. 또한 상속세 제도가 현재와 전혀 달랐다는 점도 영향을 미쳤다.

현재의 상속세 제도 아래에서는 창업자가 구축한 재산을 자식이 고스란히 물려받을 수 없다. 오늘날 일본에 대지주가 없는 이유도 이와 무관하지 않다. 재산의 액수가 크면 막대한 상속세를 내야 하는 탓이다.

세계적으로 보면 상속세 제도가 존재하는 국가와 존재하지 않는 국가가 있다. 심지어 증여세가 없는 국가도 있다. 어느 국가에서나 소득에 대해서는 세금을 매기는데, 상속세까지 매기는 것은 '이중과세'가 아니냐는 논의가 나오는 실정이다.

모든 유산이 호주에게 상속되는 가독상속이 유효하던 시기에는 상속세의 세율이 0.012%로 상당히 낮았다. 가령 1억 엔을 상속받더라도 상속세는 120만 엔에 불과했다.

유산이 자식에게
부담이 된다

1947년 이전에 상속 문제가 생겨도 재벌이 존속하고 대지주가 살아남을 수 있던 까닭은 이와 같은 상속세 제도가 뒷받침되었기 때문이다. 지금은 상상조차 할 수 없는 일이다. 따라서 다들 주식회사의 형태를 취하고 있다.

연합군 최고사령부GHQ는 일본의 전쟁 이전의 체제, 특히 군국주의 체제를 해체하기 위해 다양한 수단을 동원했다. 그중에서도 특히 재벌과 대지주를 없애는 것이 군국주의로의 회귀를 막고 민주화를 꾀하는 길이라고 여겼다. 이러한 개혁은 일본 사회에 지대한 영향을 미쳤으며 사회구조가 근본적으로 바뀌는 계기가 되었다. 그리고 가정의 모습도 이전과 눈에 띄게 달라졌다. 가정은 경제적 공동체의 기능을 상실하기 시작했다.

여기에 고도 경제성장까지 가세하며 가정의 약체화에 박차를 가했다. 그 전까지 대다수의 일본인은 제1차산업에 종사했기 때문에 설령 가독상속 제도가 사라졌다 해도 가정은 여전히 경제적 공동체의 기능을 유지했다. 그런데 고도 경제성장으로 제1차산업에서

이제는 부모를 버려야 한다

제2차, 제3차 산업으로 구조가 전환되고 인구가 도시로 대거 이동하는 현상이 나타났다. 쉽게 말하면 농가가 감소하고 회사원 가정이 증가한 것이다.

농촌의 가정이든 회사원 가정이든 가족이 생활하는 공간이라는 점에서는 동일하다. 그러나 본질적인 모습은 크게 다르다. 회사원이 결성한 새로운 가족은 한때 '마이 홈my home'이라고 불리며 열풍을 일으켰는데, 경제적 공동체가 아니라는 점에서 농가와는 결정적인 차이가 있다.

물론 회사원 가정에서도 기본적으로 경제의 중심은 하나다. 부모가 번 돈으로 그 집의 경제를 책임지고 자녀를 교육하고 학교에 보낸다. 하지만 자영업을 하는 집이 아닌 이상 그 집에서 경제활동을 하는 사람들의 근무처는 제각각 다르며 자녀가 부모의 일을 물려받지도 않는다. 적어도 자녀가 부모와 같은 회사에 근무해서 부모와 같은 일을 지속할 가능성은 없다. 그렇다면 예전의 농가나 상인 집안과 비교했을 때 현대의 가정은 과연 진정한 '가정'이라고 할 수 있을까? 의문이 생기는 지점이다.

앞 장에서 살펴봤듯이 1인 가구는 계속 증가하고 있다. 1인 가구가 사는 집은 사람의 거처는 될지언정 가정이라고 보기에는 무리가 있다. 현재 일본 사회는 과거와는 달리 도저히 가정 사회라고 부르기가 힘들다.

그 결과 상속에서도 '자산'을 물려주는 형태는 사라졌다. 지금은 단지 돈을 나눠 먹는 경쟁에 지나지 않는다. 그렇기 때문에 유산을 둘러싼 분쟁이 빈번히 발생한다. 부모는 자식들끼리 싸우지 않도록 생전에 부단히 노력하지만 한번 경쟁이 생기면 다들 자기 몫을 더 챙기기 위해 혈안이 된다. 나의 초등학교 동창이 말하기를 평소에 유산에는 전혀 관심이 없었는데, 막상 부모가 사망해서 상속 문제가 현실로 다가오자 어느새 오기가 생겨 남동생과 상당히 마찰을 빚었다고 한다. 눈앞에 있는 돈이 인격을 바꾸고 "자식에게 부담을 주고 싶지 않다"라는 부모의 뜻은 한순간에 온데간데없이 사라진다.

재산이 얼마 없는 사람이 자녀에게 재산을 남기려고 생각하는 것 자체가 문제다. 소액의 재산은 자녀를 행복하게 하기는커녕 도리어 불행에 빠뜨린다. 아무리 부모가 종활의 일환으로 재산 분할 방법과 비율을 정한들 예상치 못한 일이 생기게 마련이다. 그럴 바에야 유산은 남기지 않는 편이 낫다. 그래야 "자식에게 부담을 주고 싶지 않다"라는 뜻을 실현할 수 있다. 재산이 남는다면 불우한 이웃에 기부하는 것을 추천한다. 생전에 기부하면 자녀도 돌이킬 수 없다.

이처럼 종활이 실패하는 중요한 원인에는 '부모와 자녀의 유대'가 있다. 자녀가 추모를 통해 부모와의 유대를 확인하고, 부모가 상속을 통해 자녀와의 유대를 확인하려는 행동이 문제를 양산한다. 부모를 추모하려는 마음을 결코 나쁘다고 할 수 없지만 묘지에 집착할 필요는 없다. 자녀들이 모이기 위해 성묘를 구실로 삼을 필요도 없다. 가족이 기일에 모여 고인을 진심으로 추모하면 되지 않는가. 적어도 성묘를 해야 한다는 핑계로 부모의 뜻을 거스를 필요는 없다고 생각한다.

부모도 현 사회의 실태를 깨닫고 상속이 초래하는 폐해를 생각해야 한다. 집 한 채를 남겼다고 재산을 물려준 셈 칠 수는 없다. 극단적인 예를 들어 부모가 살던 집이 오래되어 대대적으로 수리해야 한다면 자녀가 그곳에 살기는 힘들다. 더구나 수리비를 변통할 수 없으면 폐가가 될 뿐이다. 빈집조차 고액의 고정자산세를 내야 하는 요즘 사회에서는 부동산(不動産)은커녕 마이너스 부동산(負動産)이 될지도 모른다. 가정의 힘이 약해진 오늘날, 과연 재산을 남기는 것이 바람직한 행동인지 다시 생각해 볼 일이다.

죽음에 직면하면
결심은 흔들린다

종활이 실패로 끝나는 또 한 가지 요인은 바로 당사자의 연로(年老)다. 아마 이 말에 모순을 느끼는 독자가 있을지도 모른다. 왜냐하면 사람들이 종활을 준비하는 이유가 바로 '연로'이기 때문이다.

고령자가 되어서 종활을 시작했더라도 당사자는 아직 건강한 상태이고, 또한 그렇기 때문에 자신의 여생을 미리 준비하려고 한다. 그러나 그 시점에는 자신이 늙는다는 것이 구체적으로 무엇을 의미하는지 온전히 이해하지 못한다. 나이가 더 들었을 때의 상태나 감정은 실제로 겪어 보지 않으면 상상하기 힘들다. 예를 들어 종활을 시작한 시점에는 생명을 무의미하게 연장하는 말기 치료를 단호히 거부했다고 가정하자. 미련 없이 죽음을 맞이하고 싶다는 확고한 의지가 있기 때문이다. 하지만 막상 그 일이 현실로 다가오면 서서히 결심이 흔들리기 시작한다.

이와 관련하여 어느 여성에게서 들은 이야기가 있다. 대학교수로 재직했던 그 여성과 남편은 평소에 연명 치료를 거부하기로 뜻을 모았다고 한다. 그런데 어느 날 남편의 신장이 안 좋아져 인공

투석을 받게 될 상황에 놓였다. 그때 한참을 고민한 끝에 남편은 이전까지의 생각을 뒤집고 "조금 더 살고 싶다"라며 투석을 받기로 결정했다고 한다. 이처럼 인간의 결심이란 상황에 따라 흔들리고 변화한다. 하지만 종활을 시작할 당시에는 이러한 미래를 예측하지 못한다.

또 하나, 노년으로 접어들수록 생기는 커다란 문제가 있다. 바로 기억이 흐려지는 것이다. 치매 진단을 받지 않았더라도 나이가 들면 대체로 기억이 흐려지게 마련이다. 근본적인 원인은 육체의 쇠약인데, 만약 나이가 들어도 기억이 전혀 흐려지지 않는다면 그것도 괴로운 일이 아닐까 싶다. 사람은 언젠가 죽음을 맞이하고 이것은 그 누구도 피할 수 없는 운명이다. 아무리 수명이 늘어나도 불사의 경지에 이를 수는 없다. 자신에게 죽음이 다가오면 누구든 두려움에 사로잡힌다. 그때 점차 기억이 흐려진다면 두려움을 잊어버리거나 혹은 두려움조차 느끼지 못하게 될 것이다. 자신이 지금 어디가 아픈지, 몇 살인지도 잊어버리는 마치 삶과 죽음의 경계가 불분명한 상태다. 이러한 상태로 죽음을 맞이하는 편이 두려움도 덜하지 않을까. 그런 의미에서 나이가 들어 기억이 흐려지는 것은 매우 중요한 기능이라고 하겠다.

다만 기억이 흐려지면 젊었을 때 예상하지 못했던 사태에 직면하는 문제가 발생한다. 나는 한때 자연장(산골)을 추진하는 NPO 법인 '장송(葬送)의 자유를 권하는 모임'의 회장을 역임한 적이 있다. 당시 60세에 회장직을 맡았는데 회원의 90% 이상이 60세 이상이었다. 70~80대가 대부분이고 90대 회원도 제법 많았다. 그러다 보니 실제로 경험하기 전까지는 미처 생각지 못했던 사태를 맞닥뜨리곤 했다.

어느 날 고령자 남성 여러 명이 사무소에 찾아왔다. 남성들은 사무소에 오기 전에 일본 존엄사 협회에도 찾아갔는데, 그 단체에서는 사후의 일에 관여하지 않는다는 이야기를 들은 모양이었다. 그래서 우리 사무소를 즉흥적으로 방문한 것인데, 본인들이 이 모임에 회원 가입이 되어 있는지 아닌지 확실히 기억을 못 했다. 직원이 서류를 찾아보니 그중 한 명이 기존 회원이었다. 그런데도 당사자에게는 전혀 기억이 없었다. 심지어 회비를 꼬박 납부하고 있었는데도 말이다.

그러나 이 사례는 결코 처음 있는 일이 아니었다. 이미 회원 가입을 해 놓고는 깜빡 잊고 새로 입회 신청을 하는 사람이 종종 있다. 우스갯소리 같지만 실제로 벌어지는 일이다. 이 모임에서는 때때로 사후에 본인의 의사에 따라 자연장을 치르기 위해 미리 계약하고 비용을 납부하기도 하는데, 계약 체결 사실조차 기억하지 못하는 사람이 속속 나타난다. 시기에 따라 다르지만 계약할 때 10만 엔 이상의 비용을 지급하는데도 새카맣게 잊어버린다.

더욱이 "나이가 들어서 탈퇴하고 싶다"라고 연락해 오는 회원도 많다. 입회 당시에는 아직 젊기 때문에 아무래도 묘지에 매장되느니 자연장이 좋다는 확고한 의지가 있었을 것이다. 그러나 나이가 들수록 의지는 옅어진다. 애당초 자신의 장례는 자신이 직접 진행할 수 없으므로 누군가에게 부탁해야 한다. 그러면 부탁하기가 번거롭기도 하고 부탁받는 상대도 나이가 들기 때문에 더욱 말을 꺼내기가 어려워진다. 결국 반드시 자연장을 해야겠다는 의욕이 사라져서 탈퇴를 선택하는 것이다.

허울 좋은
슬로건

앞에서 여러 예시를 살펴봤듯이 "자식에게 부담을 주고 싶지 않다"

로 시작하는 종활은 실현 가능성이 매우 낮다. 사람은 자신이 직접 경험해 보지 않으면 나이를 먹는다는 것이 어떤 느낌인지 이해하지 못한다. 어느 정도 상상은 할 수 있겠지만 그 상상의 기반인 마음이 약해지면 모든 일에 자포자기하는 심정이 든다.

더구나 종활의 여러 항목 중에서도 간병에 관해서는 준비가 부족한 편이다. 현재 많은 사람이 종활의 일환으로 '엔딩 노트'를 쓰고 있는데, 누구에게 어디에서 간병을 받고 싶은지, 또는 간병에 드는 비용을 어떻게 충당할 것인지를 적는 수준에 그친다. 치매에 걸렸을 때를 가정하여 '후견인'을 지정하는 사람도 있지만 극소수에 불과하다. 게다가 후견인이 재산을 횡령하는 문제도 발생하는 실정이다.

간병을 해야 하는 상황이 생기면 어쩔 수 없이 부담은 자녀에게 돌아간다. 그 사실을 알기 때문에 엔딩 노트에는 차마 쓰기가 힘들다. 분명히 이러한 이유도 있으리라 생각한다. 그런데 더 직설적으로 말하자면 간병만큼은 자녀에게 기대고 싶은 것이다. 어쩌면 이것이 부모의 솔직한 심정일지도 모른다.

여기서 다시 한 번 "자식에게 부담을 주고 싶지 않다"라는 고령자의 키워드를 떠올려 보자. 이 말은 자식의 짐을 조금이라도 덜어 주

이제는 부모를 버려야 한다

려는 부모의 배려로 들린다. 그런데 이 말을 끊임없이 반복하는 고령자는 자식 외의 타인에게도 부담 주는 것을 싫어하는 사람이다. 물론 자립을 하고 싶다는 희망으로 받아들일 수도 있으나, 그들은 자식에게도 어렸을 때부터 남에게 피해를 주는 행동은 하지 말라고 가르쳤을 것이다. 제1장에서 살펴본 교토 후시미 간병 살인 사건의 가해자 남성도 아버지에게 평생 비슷한 말을 들어 왔다. 그 결과 남성은 주위에 도움을 요청하지 않았고 결국은 간병 살인을 저질렀다.

나이가 들면 남에게 부담을 주지 않고서는 살아갈 수 없다. 의료와 간병은 물론이고 장례식과 장지 등 사후와 관련된 일도 마찬가지다. 그런 점에서 볼 때 "자식에게 부담을 주고 싶지 않다"는 단지 허울 좋은 슬로건에 지나지 않는다. 그리고 도리어 자녀의 삶을 속박할 뿐이다. 남에게 피해를 주지 말라고 가르친 것이 자녀에게는 더 큰 피해로 돌아올 수 있다.

제 4 장

부모가 먼저 자녀를 버려야 한다

인간은 모름지기 일정 시점이 되면 홀로서기를 해야 한다. 어렵고 힘들다는 이유로 성인이 된 자녀를 품에 안고 있다면 그 미래는 절망적이다. 그 자녀는 언젠가 부모의 부양을 떠안게 될 것이고 간병 살인의 예비 후보가 될 것이다.

성인이 되는 과정에서
부모를 버렸다

부모를 버리는 행위는 비윤리적으로 느껴진다. 정신이 온전치 않거나 몸이 불편한 부모를 버리는 일은 확실히 가혹한 처사다. 버리는 사람도 죄책감을 느낄 수밖에 없다. 그러나 연로한 부모를 버리는 상황에 이르는 것 자체가 근본적인 문제를 안고 있다. 나는 상황이 악화되기 전에 부모와 자녀의 관계를 매듭지어야 한다고 생각한다. 즉, 자녀는 부모로부터 자립하고 부모도 일정 시점에 자녀를 떠나보내야 한다. 우리에게는 익숙지 않지만 이것은 아주 자연스러운 일이다.

원초적인 형태의 생물은 태어나자마자 자립해서 활동을 시작한다. 이에 반해 진화를 하며 복잡한 형태를 띠게 된 생물은 성숙할 때까지 시간이 걸리므로 일정 기간 부모의 보호를 받는다. 하물며 조류도 새끼를 기르기 위해 목숨을 거는데 포유류는 두말할 나위가 없다. "인간은 미성숙한 상태로 태어난다"라는 말이 있듯이 우리는 완전히 무력한 상태로 이 세상에 태어나기 때문에 부모의 육아가 필요하다. 그리고 인간 사회에서 문화가 생겨나고 진보를 거듭할수록 부모의 양육 기간이 길어져 성숙할 때까지 많은 보살핌이 요구된다. 아기는 부모가 없으면, 또는 부모를 대신할 사람이 없으면 성장할 수 없다. 여기에 가족이 생겨나는 본질적인 이유가 있다. 그렇게 아이는 자라 성인이 되어 간다. 성인이 되어 간다는 말은 부모로부터 자립하는 것을 의미한다.

현재 일본 각지에서 '성인식' 행사가 열린다. 본래 성인이 되었음을 공식적으로 축하하는 행사인데, 지금은 화려한 전통 의상을 입고 지자체가 주최하는 의식에 참여하거나 떠들썩하게 하루를 보내는 수준에 불과하다. 그러나 전통 사회에서는 성인식 때 여러 시련을 던져 준 후 이를 극복한 사람만을 성인으로 인정했다. 이러한 시련의 과정이 결여된 지금의 성인식은 의미가 퇴색하여 사람들의 관심 밖으로 멀어졌다.

전통 사회에서는 성인식 때 주어지는 시련을 이겨내지 못한 사람은 성인의 대열에 끼지 못한 채 평생 패잔병 취급을 받았다. 그토록 혹독한 잣대를 들이민 까닭은 미성숙한 사람이 속한 공동체는 존립을 위협받기 때문이었다. 이를테면 사냥에 나갔을 때 어느 한 사람이 공황 상태에 빠지면 다른 사람의 목숨까지 위험해진다. 또한 공동체가 위기에 처했을 때 성인으로서 판단력이 부족하면 걷잡을 수 없는 결과를 초래한다.

　내가 이러한 전통 사회의 성인식을 알게 된 것은 대학에서 종교학을 배우면서부터다. 이때 전통 사회란 호주의 원주민이나 아프리카와 남미의 부족 사회를 의미했다. 그런데 일본의 전통 사회에도 마찬가지로 청년을 성인으로 만들어 가기 위한 시스템이 갖춰져 있었다. 막 대학에 입학해서 성인이 되기 직전, 나는 이 현상에 흥미를 느끼고는 종교학 연구자의 길을 걷게 되었다.

　여기서 중요한 사실은 동서를 불문하고 전통 사회에서는 성인이 되는 과정에서 반드시 '부모 버리기'와 '자녀 버리기'가 수반되었다는 점이다.

어엿한 성인을 배출했던
전통 사회

성인식 이전의 자녀들은 대체로 부모와 함께 산다. 특히 어머니는 자녀가 부모의 품을 떠나가는 것이 아쉬워서 독립하지 말라고 만류하기도 한다. 하지만 진정한 성인이 되려면 반드시 부모의 품에서 벗어나야 한다. 이로써 자녀의 '부모 버리기'가 이루어질 수 있으며 부모도 현실을 받아들이고 '자녀 버리기'를 실천하게 된다.

일본의 전통 사회에도 청년을 진정한 성인으로 길러 내는 장치가 있었다. 바로 '청년회'라고 불리는 모임이었다. 각 지역의 청년은 일정 연령이 되면 집을 떠나 청년회 안에서 생활했다. 청년회를 총괄하는 책임자가 부모를 대신했으므로 이 시점에 부모로부터의 자립이 실현되었다.

미에현 도바시에 위치한 도우시섬에는 지금까지 이러한 청년회의 전통이 전해 내려오고 있다. 도우시섬에는 '네야코(寝屋子)'라는 제도가 있다. 중학교를 졸업한 소년이 다른 가정에서 동급생 여러 명과 공동으로 생활하는 풍습인데, 이러한 소년을 네야코, 그들을 기르는 부모를 네야오야(寝屋親)라고 부른다. 이 섬마을의 기반 산업은 어업이라 네야코는 네야오야한테서 어업 기술과 마을 일 따위를 배운다. 그리고 네야코 중 어느 한 명이 결혼하면 그때 네야코 모임은 해산한다.

지금까지 이러한 풍습이 남아 있는 곳은 드물지만 예전에는 어느 지역에나 청년회가 있었다. 지역공동체는 자신들의 존속을 유지하기 위한 시스템을 만들어 어엿한 성인을 배출했다. 비단 지역공동

이제는 부모를 버려야 한다

체뿐 아니라 존속에 사활이 걸린 가문에서도 자식을 어른스럽게 키울 요량으로 엄격한 규범을 만들었다. 과거 일본 왕가가 대표적인 사례다.

얼마 전 《쇼와 천황 실록》이라는 책이 간행되면서 뜨거운 관심을 모았는데, 제1권에는 아주 어린 시절부터 부모와 떨어져 사는 쇼와의 모습이 기록되어 있다.

1901년에 태어난 쇼와는 곧바로 양육 담당인 가와무라 스미요시 장군의 저택에 맡겨졌다. 장차 왕이 될 태자에게 일찌감치 자립심을 길러주기 위한 양육법이었다. 어린 쇼와가 부모를 만나는 일은 '배안(拜顏)'이라고 불렸다. 단지 부모를 만나는 것인데도 서로 떨어져 지냄으로써 부모의 얼굴을 보는 일 자체가 공적인 성격을 띠었다. 쇼와가 부모에게 응석을 부리고 싶어도 환경이 허락지 않았다. 갓 태어난 쇼와를 어떻게 양육할지 주위에서 논의할 당시, 부모가 기르는 방안도 검토되었으나 결국은 궁궐 밖으로 내보내는 것으로 결정되었다. 부모가 자녀를 직접 키우는 현재 일왕가의 양육 방식과는 크게 다르다. 이것은 근대 사회를 이끌어 나갈 지도자를 키우려면 부모에게 응석 부릴 만한 환경을 차단하고 군인 밑에서 혹독하게 교육해야 한다는 가치관 때문이었다. 그만큼 과거에는 장래에 지도자가 될 가능성이 있는 사내아이의 교육을 엄격하게 시행했다.

고향을 떠나면서
자립했던 사람들

설령 집안 내에 의도적인 장치가 마련되지 않았더라도 과거 사회에는 청년이 자진해서 부모를 떠날 수 있는 계기가 있었다. 부모는 장차 한집안의 기둥이 될 장남을 특히 엄격하게 교육했다. 다른 형제자매와는 여러 면에서 구별되어 부모에게 어리광을 부리는 것조차 허락되지 않았다. 혼자 떨어져 지내지는 않았지만 정신적인 거리감을 경험하며 부모에게서 자립해야 했다.

앞 장에서 살펴봤듯이 차남 이하의 아들은 집에 남으면 일꾼 취급을 받기 때문에 스스로 집을 떠날 수밖에 없었다. 태어날 때부터 미래가 정해져 있는 탓에 일찍이 부모로부터 자립해야만 살아갈 수 있었다. 딸도 더부살이나 혼인을 통해 집을 떠났다. 이때 딸은 집안끼리 정한 혼사에 따라야 했다. 당시 여성은 어린 나이에 시집을 갔으므로 혼례에 대한 반발심도 있었다. 이러한 마음은 조금 더 자유를 만끽하고 싶어 하는 현재의 젊은 여성과 다르지 않다.

예를 들어 일본 근대문학 가운데 본격 소설로서 높이 평가받고 있는 시마자키 도손의 《동트기 전》에는 기소 지방 대대로 내려오는 집안의 일상이 자세히 그려져 있는데, 주인공 아오야마 한조의 딸이 계모가 정한 혼인을 거부하며 자살 소동을 일으키는 장면이 등장한다. 그러나 과거에 딸은 집에 계속 머물 수 있는 선택권이 없어 언젠가는 반드시 혼인을 해야 했다. 한조의 딸도 그 후 혼인하여 부모의 슬하를 떠났다.

이처럼 과거의 전통 사회에는 부모와 자녀가 떨어져 사는 것이 제도화되어 있었다. 그리고 1940년대 후반에도 형태는 바뀌었지만 여전히 맥을 이어 갔다. 고향을 떠나 도시로 향한 사람이 많았던 것이다. 사람들은 도시에서 혼자 살기 시작하면서 부모로부터 자립할 기회를 얻었다. 고향에서 도시로 이주한 목적은 취직을 하거나 대학과 전문학교에 진학하기 위해서였다. 고향에 남아 있으면 출세를 할 수 없으므로 사람들은 입신양명을 위해 상경했다.

처음 상경했을 무렵에는 금의환향을 꿈꿨을지도 모른다. 그러나 도시 생활이 길어질수록 새로운 보금자리에 익숙해지면서 고향은 단지 명절에만 귀성하는 장소로 전락했다. 도시 생활을 접고 고향으로 돌아간다는 말은 곧 실패를 의미하므로 그것만큼은 어떻게든 피하려고 애썼다. 경제성장이 계속되는 가운데 우물 안 개구리처럼 고향에 머물러 있는 것은 인생의 성공을 포기하는 뜻으로 여겨졌고, 이러한 인식은 결과적으로 청년의 자립을 촉진했다. 그런 점에서 '상경'이라는 행위는 큰 의미가 있었다.

결혼하지 않는
젊은이들

그런데 사람들이 도시에 정착하고 나면 사정은 크게 달라진다. 도시에서 태어난 청년에게는 상경이라는 선택지가 없어서 집을 떠날 기회가 좀처럼 생기지 않는다. 대학에 들어가고 취업을 하더라도 여전히 부모의 집에서 생활하는 청년이 많다. 그 원인으로 고용 환경의 변화, 특히 기업의 정규직 채용 비율이 줄어든 것을 꼽을 수 있다. 비정규직은 임금이 낮고 고용이 불안정하여 부모의 집에서 독립하기가 힘들어지는 까닭이다.

이제는 부모를 버려야 한다

이 현상은 생애 미혼율의 증가로 이어진다. 일생을 결혼하지 않고 부모와 줄곧 함께 사는 사람이 늘어나는 것이다. 생애 미혼율은 '50세 미혼율'이라고도 하여 50세가 될 때까지 한 번도 결혼한 적이 없는 사람의 비율을 나타낸다. 50세 시점에 결혼하지 않은 사람의 비율이 아니다. 50세 시점에 결혼하지 않은 사람 중에는 한 번 이상 결혼했다가 이혼한 사람도 포함되어 있다. 그러나 생애 미혼율은 50세가 될 때까지 결혼 경험이 있는지 없는지를 보여주는 수치다. 초혼 연령이 50세 이상인 경우는 드물기 때문에 이 수치는 일생 한 번도 결혼한 적 없는 사람의 비율을 나타내는 것으로 간주된다.

1960년에 생애 미혼율은 남성이 1.3%, 여성이 1.9%로 매우 낮았다. 무려 남성 98.7%가 결혼한 경험이 있으며 여성도 98.1%가 평생 한 번은 결혼을 했다. 말하자면 거의 모든 사람이 결혼을 했다는 뜻이다. 지금과 비교하면 놀라운 수치다. 그로부터 10년 후인 1970년에도 생애 미혼율은 남성 1.7%, 여성 3.3%에 불과했다. 남성의 미혼율이 상대적으로 낮은 이유는 세대주로서 집안을 이끌어 나가야 한다는 책임이 이 시기에는 아직 남아 있었기 때문으로 보인다.

1980년에 들어서자 남성이 2.6%, 여성이 4.4%로 10년 전에 비해 소폭 상승했다. 그런데 1990년에는 남성의 생애 미혼율이 5.6%로 증가한 반면 여성은 4.3%로 오히려 낮아졌다. 1990년은 일본의 거품경제가 붕괴하기 시작하던 무렵이지만 여전히 경제 호황기에 해당하여 급여가 높았고 이에 따라 여성의 결혼도 활발했던 것으로 보인다. 다만 남성의 미혼율이 처음으로 여성의 미혼율을 앞질렀다는 점이 주목할 만하다. 이때부터 추세가 달라지기 시작한다.

2000년에는 남성이 12.6%, 여성이 5.8%를 차지한다. 남성의 생애 미혼율은 10년 전과 비교하면 두 배 이상 증가한 셈이다. 1997년 금융위기 이후에는 꺾일 줄 몰랐던 임금 상승세가 돌아서고 자살자 수가 늘어났다. 경제력이 낮아지면서 결혼을 못 하는 남성이 증가했으리라 추측된다. 2010년에는 남성의 생애 미혼율이 20.1%에 달했다. 남성의 미혼율은 물론 여성에게도 영향을 미치므로 이 시점 여성의 생애 미혼율도 10.6%로 올라갔다.

이 수치는 아직도 남성의 80%, 여성의 90%에 가까운 사람들이 한 번은 결혼을 한다는 사실을 나타내나, 생애 미혼율의 기준이 50세라는 점을 생각하면 전혀 놀라운 일이 아니다. 2010년 당시에 50세 이상이었다면 적어도 1960년 이전에 태어난 사람들이다. 요즘 세대의 80~90%가 결혼한다는 뜻이 아니다.

실제로 2010년 기준 30~34세 미혼율은 남성이 47.3%, 여성이

이제는 부모를 버려야 한다

34.5%에 달했다. 결혼 경험이 있는 남성은 겨우 절반을 넘겼고 여성도 3분의 2 수준이다. 이에 더해 30세 이후 초혼 여성은 불과 6%, 35세 이상은 1%에도 못 미친다는 결과가 있다. 남성은 30대 초반 인구의 25%가 결혼을 하지만 30대 후반에는 그 수치가 3%로 떨어진다고 한다.

부모와 동거하는 성인 자녀

이 통계를 보건대 미혼율은 앞으로도 꾸준히 높아지리라고 예상된다. 어쩌면 평생 독신으로 지내는 사람의 수가 기혼자 수를 앞서는 시대가 올지도 모른다. 대다수가 결혼했던 1960년의 시점에서는 상상도 못 했던 사태다.

나와 동년배인 부부를 만나서 대화하다가 화제가 자녀로 넘어가면 갑자기 부부의 안색이 어두워지는 일이 많다. 아들딸이 도무지 결혼하지 않는 데다 그럴 기미도 없으니 부모의 얼굴에 근심이 서리는 것이다.

자녀가 결혼하지 않으면 어떤 앞날이 전개될까? 자녀는 독립하지 않고 줄곧 부모와 살게 된다. 그중에는 출가했던 자녀가 직장을 그만두고 부모의 품으로 되돌아오는 경우도 있다. 다른 직장을 찾으려고 해도 일이 마음대로 풀리지 않는다. 이유를 불문하고 본인 사정으로 퇴사하면 다음 직장을 찾을 때 불리하게 작용하는 탓이다. 그러면 백수인 상태로 부모와 함께 살아가야 한다. 부모가 현직에 있을 때는 그나마 낫지만 시간이 흘러 은퇴하면 자녀가 부모의 연금에 의지하는 일이 생긴다. 이러한 상태가 지속되면 그 가족의 미래는 어둡다. 자녀가 간병 살인의 예비 후보가 될지도 모르기 때문이다.

실제로 최근에는 부모와 자녀의 동거 세대가 늘고 있다. 20세 이상 성인이 되어서는 물론, 대학을 졸업하고 30세를 훌쩍 넘겨도 부모와 함께 사는 사례가 적지 않다. 부모와 함께 사는 30~34세 남성의 비율은 47.9%로 절반에 가깝다. 35~39세로 올라가도 41.6%나 된다. 여성은 30~34세가 36.5%, 35~39세가 24.3%다. 남성보다는 낮지만 30대 후반 여성의 4분의 1은 여전히 부모와 함께 살고 있다 (후생노동성 '세대 동태 조사' 2010년).

북유럽과 비교하면 일본의 성인이 얼마나 많이 부모와 동거하는

이제는 부모를 버려야 한다

지 알 수 있다. 스웨덴에서는 부모와 동거하는 25~34세 성인이 불과 4.1%에 지나지 않는다. 유럽에서 가장 낮은 덴마크는 겨우 1.9%다. 북유럽 정도는 아니지만 프랑스 11.6%, 네덜란드 9.7%, 독일 14.7%, 영국 15.1%로, 서유럽 국가 역시 부모와 동거하는 25~34세의 비율이 상당히 낮다. 다만 눈에 띄는 국가는 44.7%를 기록한 이탈리아다. 일본 이상으로 동거율이 높은 편이다. 동유럽 국가들은 대체로 이탈리아와 비슷한 수준이며 불가리아는 자그마치 55.7%에 달한다. 연령의 구분이 다르기 때문에 단순 비교는 어렵겠지만, 이러한 나라들은 일본보다 자녀의 독립이 활발하지 않은 것으로 보인다.

이탈리아와 동유럽 국가들은 하나같이 실업률이 10%를 넘는다. 2015년 이탈리아의 실업률은 무려 12.4%였다. 일자리가 없으면 자립하기 어려우므로 부모와 함께 사는 수밖에 없다. 반면 일본은 비정규직이 늘어나고 있기는 하지만 실업률은 3%에 불과해 여타 유럽 국가들과 비교하면 매우 낮은 수준이다.

대다수의 선진국에서는 결혼을 기피하는 청년이 늘고 있으며 이에 따라 부모와 동거하는 비율도 증가하는 추세인데, 여기에는 국가에 따른 차이가 존재한다. 다시 말해 각 사회에서 살아가는 가정의 모습, 가족을 둘러싼 문화가 영향을 미칠 가능성이 있다. 이탈리아를 제외한 서유럽과 미국에서는 기본적으로 성인이 되면 부모에게서 자립하며, 설사 부모가 고령이 되어도 동거하지 않는 것이 원칙이다. 자녀도 원하지 않거니와 부모도 동거를 원하지 않는다. 물론 부모와 자녀의 유대가 단절된다는 의미가 아니다. 자녀가 부모에게 자주 연락하고 기념일에 찾아가는 등 관계를 유지하기 위해 노력은 지속하되 생활은 엄연히 구분한다는 뜻이다. 따라서 고령자인 부모를 자녀가 간병하는 일은 생기지 않는다. 부모가 자기 힘으로 생활하지 못하는 상황이 되면 요양 시설에 들어간다.

　해외에서도 간병 살인은 발생한다. 이에 관해서는 앞서 언급한 유하라 에쓰코 교수가 보고한 바 있다(〈고령자가 희생되는 간병 살인 사건의 실태 - 해외 사건 동향과 방지를 위한 시사〉, 일본사회복지학회, 2013년). 자녀의 자립을 권장하는 사회에서도 간병 살인이 발생하는데 하물며 자립의 시스템이 상실된 국가에서 간병 살인이 다발하는 것은 필연적인 귀결이다.

　일본에서 자녀가 자립하지 못하는 배경에는 '아마에(甘え)의 문화'가 있다.

응석받이 자녀와
캐러멜 마마

정신의학자 도이 다케오는 《아마에의 구조》라는 저서를 통해 일본에는 아마에(우리말로 응석, 어리광을 뜻함_옮긴이)의 문화가 있다고 지적했다.

이 책은 1971년에 간행되어 베스트셀러에 올랐으며 '아마에'라는 유행어를 탄생시켰다. 도이 다케오는 이 책에서 일본어의 아마에에 완벽히 상응하는 외국어가 존재하지 않는다고 밝히며 아마에라는 단어 속에서 일본인의 정신적 특징을 찾아내려고 했다. 사실 《아마에의 구조》가 1971년에 간행된 데는 의미가 있다. 이 책에서는 1960년대 후반에 고조된 학생운동을 끊임없이 언급하고 있기 때문이다.

도이 다케오는 '전공투(전국 학생 공동 투쟁 회의의 약자로 1968~1969년 일본의 각 대학에서 결성된 학생운동 조직_옮긴이)' 학생들이 폭력을 행사하며 가해자로 행동하고 있는데도 오히려 피해자를 가해자처럼 인식시키는 불가사의한 현상이 일어났다고 지적했다. 그 이유는 전공투 학생들이 자신들을 피억압 민족, 가난한 자, 정신장애인과 같은 피해자로 설정했기 때문이라는 것이다. 이러한 피해자 의식은 아마에와 관련이 있으며, 학생들의 반항이 세계적으로 확산된 점으로 미루어 보아 아마에 심리가 일본을 넘어 다른 나라에도 퍼지고 있을지도 모른다고 밝혔다. 과연 아마에가 세계 보편성을 획득했는지 아닌지는 의견이 분분하지만, 도이 다케오는 전공투 운동에서 나타난 아마에의 특징으로 어머니와 자식 간의 밀접한 관계를 지적했다.

이것을 상징적으로 보여 주는 사례가 도쿄대 야스다 강당을 둘러싼 각축전이 일어나기 직전인 1968년 11월 22일, 도쿄대 고마바 캠퍼스에서 열린 '고마바 축제' 포스터다. 이 포스터에는 야쿠자로 보이는 남자가 문신이 새겨진 등을 돌린 채 서 있고 그 옆에는 "말리지 마요, 엄마 / 내 등의 은행잎이 울고 있잖아 / 남자, 도쿄대여 어디로 가나"라는 문구가 적혀 있다. 참고로 은행잎은 도쿄대의 상징이다. 이 포스터를 그린 사람은 현재 작가로 활약 중인 하시모토 오사무다. 도이 다케오는 《아마에의 구조》에서 이 포스터를 소개하며 "학생들이 어머니만큼은 자신들의 기분을 헤아려 주리라고 생각한 것이다"라고 서술했다.

사실 이 고마바 축제가 한창일 때 하시모토 오사무의 포스터 옆에

이제는 부모를 버려야 한다

는 분쟁을 염려한 도쿄대생의 어머니들이 만든 입간판이 세워졌다. 그 어머니들은 학생들이 폭력적인 운동을 조기에 중단하기를 바라며 캐러멜을 나눠 주어 '캐러멜 마마'라고 불렸다. 아마에(甘え)와 달콤한(甘い) 캐러멜을 연결 짓고 싶어지는 대목이다. 여하튼 분쟁이 일단락되자 학생들은 아무 일도 없었다는 듯이 졸업한 후 그들이 비판한 기업에 취업했으니, 아마에는 사회적으로 허용된 셈이나 다름없다.

앞 사건에서 도저히 끊으려야 끊을 수 없는 모자간의 긴밀한 관계를 엿볼 수 있는데, 이러한 관계성은 서구 사회에서는 상상하기 힘든 일이다. 다만 이탈리아 남성이 자신의 엄마가 만든 파스타가 최고라며 어리광 부리는 것을 생각하면, 이탈리아에도 아마에의 구조는 존재하는 듯하다. 앞에서 살펴본 대로 이탈리아는 부모와 동거하는 젊은 세대의 비율이 높았다. 그렇다면 동유럽에도 비슷한 아마에 문화가 있을지도 모른다.

아마에의 구조가 강한 사회에서 자녀는 부모에게 응석을 부리며 쉽게 자립하려고 하지 않는다. 덩달아 부모도 자녀의 응석을 받아 주며 자립을 재촉하지 않는다. 결과적으로 자녀들은 인생에 필수불가결한 '홀로서기'와는 점점 거리가 멀어지고 있다. 그렇다면 오늘

날 이러한 사태를 초래한 아마에 문화가 우리 사회에 파고든 이유
는 무엇일까.

어릴 때부터 혼자 자는
서구의 아이들

아마에 문화와 관련하여 대학교 1학년 때 참여했던 다소 독특한 세
미나의 기억이 떠오른다. 지금으로부터 40여 년 전의 일이지만 내
게는 대단히 인상 깊게 남아 있다. 정치학 겸 행정학 조교수가 진행
한 그 세미나의 목적은 미국과 일본의 대표 육아서를 읽는 것이었
다. 일본의 육아서는 마쓰다 미치오의 《육아 백과》, 미국의 육아서
는 벤저민 스포크의 《육아의 상식*The Common Sense Book of Baby and Child Care*》
이 꼽혔다. 《육아의 상식》은 이미 번역서가 나와 있었는데도 영문
판 페이퍼백으로 읽게 했다. 육아서라 영어 문장은 쉬운 편이었다.
　정치학자가 육아서를 읽게 한 이유는 각 국가에서 아이를 어떻게
키우는지 살펴봄으로써 각국의 '사회화'를 비교하기 위해서였다. 사
회화는 아이를 특정 사회에서 살아가는 데 적합한 사람으로 양육하

는 과정을 의미한다. 그러므로 다른 나라의 육아서를 읽는 것은 사회화를 비교할 수 있는 좋은 방법이었다.

두 육아서의 저자는 모두 소아과 의사다. 그만큼 아이를 양육할 때 건강은 중요한 문제인데, 내가 가장 흥미로웠던 부분은 다름 아닌 아이를 재우는 방법이었다. 《육아 백과》에는 아이를 어떻게 재워야 하는지에 관해 별다른 언급이 없었다. 그런데 《육아의 상식》에는 구체적인 지침이 있었다. 아이의 방을 마련하여 아주 어렸을 때부터 자기 침대에서 혼자 재우라는 것이다. 스포크 박사는 설령 아이가 떼를 써도 절대로 부부 침실에서 재우면 안 된다고 강력히 주장했다.

일본은 집이 작아서 아이 방을 만들기 어렵다는 이유도 있지만, 일반적으로 아이가 어릴 때는 부부 사이에 아이를 눕혀 '내 천(川)' 자 모양으로 자는 것이 당연하다고 생각한다. 요즘에는 아이가 어느 정도 자라면 다른 방에서 재울지도 모르나 아주 어릴 때부터 혼자 재우지는 않는다. 반면에 미국은 부부의 사생활을 가장 중시하는 가치관이 작용하는 한편, 아이의 자립심을 길러야 한다는 방침이 확실히 정착되어 있다.

디즈니 애니메이션 〈피터 팬〉을 떠올려 보자. 요정 피터 팬은 혼자서 자는 주인공 웬디 앞에 나타난다. 웬디는 소설가를 지망하는 꿈 많은 소녀다. 이 영화를 보면 자기 방에서 혼자 자는 시간이 웬디의 상상력을 북돋우는 원동력이고, 따라서 현실에 존재하지 않는 요정이 소녀 앞에 나타난 듯이 보인다. 웬디는 혼자 자는 것을 외로워하지만 부모는 뜻을 굽히지 않고 딸을 혼자 자게 한다. 다른 미국 영화를 봐도 아이는 부부의 침실이 아니라 자기 방에서 잠을 잔다. 아니, 자기 방에서 잘 수밖에 없다.

'川'의 문화에서 살아가는 사람은 아이가 너무 어릴 때 혼자 재우기를 주저한다. 물론 아이는 부모와 함께 자겠다고 조른다. 평소에는 자기 방에서 자더라도 아빠가 출장을 간 날이면 엄마 곁으로 파고든다. 그런 아이를 뿌리치는 엄마는 없다. 그러나 《육아의 상식》에서는 설령 이러한 경우에도 단호하게 아이를 자기 방에서 재워야 한다고 주장한다. 그렇지 않으면 자립심을 기를 수 없다는 것이다.

이제는 부모를 버려야 한다

오래도록 얹혀산 대가,
노부모 간병

역시 영화를 보면 미국에서는 'grown-up'이라는 말이 자주 쓰인다는 사실을 알 수 있다. 성인으로서 충분히 성장하고 성숙했다는 의미다. 다 큰 청년이 조금이라도 어린아이 티를 내면 'grown-up' 하지 않았다고 비난한다. 《육아의 상식》은 이러한 미국 사회의 규범에 벗어나지 않기 위해서라도 아이를 어렸을 때부터 자립시켜야 한다고 입이 닳도록 주장하는 것이다.

미국의 육아 방법은 유럽에서도 통용한다. 프랑스에서는 공공장소에 가면 아이에게 성인에 버금가는 행동을 하도록 요구한다. 만약 슈퍼마켓에서 아이가 뛰어다니면 부모가 몹시 손가락질을 받는다.

어린아이가 자기 방에서 자는 문화와 '川' 자로 자는 문화에서는 부모와 자녀의 관계가 눈에 띄게 다르다. 일본에서는 부모의 사생활을 최우선으로 삼지 않는다. 유럽에서는 아이를 베이비시터에게 맡기고 부모가 외출하는 풍경이 드물지 않으나 일본에는 그런 부모가 거의 없다.

'川'으로 자는 행위는 일본 사회가 자녀의 자립을 방해하고 있다는 사실을 보여 주는 하나의 상징일 뿐이다. 아마에 문화가 확립된 사회에서는 이 밖에도 여러 문제가 결부되어 있다. 부모는 자녀가 자립심을 기르도록 양육해야 하는데 결코 이에 적극적이지 않다. 오히려 자녀의 자립을 방해하는 육아법을 따르고 있다.

일본에서는 대학 이상의 고등교육을 마친 후에도 부모와 함께 사는 청년을 '패러사이트 싱글'이라고 부른다. 사회학자 야마다 마사히로가 기생충을 의미하는 영어 패러사이트parasite와 싱글single을 결합하여 만든 신조어로, 부모에게 기생하는 미혼자를 일컫는다. 패러사이트 싱글 기간이 길어지면 청년이 결혼할 기회는 줄어든다. 40세까지 패러사이트 싱글일 경우 향후 결혼할 가능성은 극히 낮아진다. 물론 결혼은 하지 않더라도 패러사이트 싱글로 살다가 독립하는 경우도 있다. 그러나 독립하지 않고 계속해서 패러사이트 싱글로 지낸다면 언젠가 부모를 집에서 간병하는 상황으로 이어진다. 먼 훗날의 일이기는 하지만 패러사이트 싱글은 간병 살인의 예비 후보라고 해도 과언이 아니다.

사실 집은 자녀에게 마음 편히 지낼 수 있는 장소다. 부모도 아들딸이 함께 살면 든든하고 즐겁다. 그렇기 때문에 함께 살도록 허락

할 뿐 아니라 자녀를 적극적으로 독립시키려고 하지 않는다. 이런 상황에서 자녀에게 넘어오는 간병은 부모에게 오랜 세월 얹혀산 대가라고 볼 수 있다. 그리고 어쩌면 부모의 입장에서는 자녀에게 간병을 받으면서 행복하게 여생을 보낼 수 있는 가장 바람직한 흐름일지도 모른다.

하지만 함께 살던 부모가 먼저 세상을 뜨면 자녀는 홀로 남는다. 패러사이트 싱글로 일생을 보낸 사람에게는 자녀가 없다. 즉, 부모와 똑같은 노후를 보낼 수는 없다. 극단적으로 말하면 부모는 자신의 노후를 편하게 보내기 위해 자녀를 이용한 꼴이다. 자녀도 언젠가는 홀로 남는다는 사실을 알지만 당장 생활이 편하니까 현실에서 애써 탈피하려고 하지 않는다.

이것도 어쩌면 인생의 한 모습일지도 모른다. 그런데 한편으로는 '아마에 사회가 놓아둔 올가미'라는 의심을 떨칠 수 없다. 그 올가미에 걸려드는 순간, 언제 끝날지 모르는 간병에 얽매이다가 끝내는 제 손으로 간병 살인을 저지르게 될지도 모른다.

정신적인 부모 죽이기는
필요하다

성인이 되어 부모를 떠나는 행위는 부모와의 끈을 끊는다는 의미에서 정신적인 '부모 죽이기'와 같다. 성인이 된다는 것은 이러한 시련을 극복하는 과정이기도 하다. 부모가 유명인이거나 사회적으로 큰 업적을 남긴 인물이면 부모의 그늘에서 벗어나기 위해 어떠한 형태로든 부모 죽이기가 필요하다고 여겨진다. 간병 살인은 실제로 부모를 죽이는 행위이므로 여기서 말하는 부모 죽이기에 해당하지 않는다. 그 행위가 자녀의 성장으로 이어지지 않기 때문이다. 현실에서 부모를 죽이지 않기 위해서라도 정신적인 부모 죽이기는 반드시 필요하다. 바로 부모로부터 자립하는 것이다. 사회는 크게 바뀌었지만 정신적인 부모 죽이기의 필요성은 변함이 없다.

일례로 나는 17세에 비슷한 상황에 직면했다. 내 아버지는 작은 건축 사무소에서 경리 책임자로 근무했다. 회사가 고도 경제성장기의 혜택을 입었던 모양인지 우리 집은 경제적으로 풍족했다. 도쿄에 제법 큰 단독주택이 있었고 생일에는 값비싼 선물을 받았다. 당시 서민이 동경했던 가전제품은 가장 먼저 우리 집에 들어왔을 정도다. 그런데 고도 경제성장이 마침내 종지부를 찍자 아버지의 회사는 도산했다. 아버지는 경영자가 아니었는데도 집을 팔아 회사의 부채를 갚아야 했다. 집이 없어진 우리 가족은 고쿠분지시의 작은 셋집으로 옮기고 아버지만 지인의 소개로 오사카에서 일하게 되었다. 그리고 내가 고등학교 3학년이 되었을 때 일가 식구 모두 오사카로 이사했는데, 당시 공립학교에 다니고 있던 나만 도쿄에 남아 식사를 제공하는 하숙집에서 생활했다. 화장실도 욕실도 없는 2평짜리 방이었다. 더구나 커다란 벽장이 딸려 있어 실제 공간은 1.5평 남짓이었다.

푼돈이기는 하나 집에서 생활비를 받아 썼기 때문에 실질적인 자립이라고는 할 수 없지만, 이때 내가 반강제적으로 부모로부터 독립한 것만은 분명하다. 그 이후로도 나는 부모와 함께 산 적이 없다. 26세에 결혼할 때는 이미 자취 생활 9년 차였다. 지금 돌이켜 보면 그 시간은 내게 소중한 기회였다. 부모와 자연스레 떨어져 지냄으로써 일부러 부모를 버릴 필요가 없어졌기 때문이다.

나는 49세에서 50세로 넘어가면서 중병을 앓은 적이 있는데, 당시 혼자 살고 있을 때라 퇴원 후 1개월간 도쿄로 돌아온 부모님 집에서 생활했다. 그때는 일거리가 거의 없던 시기라서 본가에서 생활하는 편이 경제적인 면을 생각하면 더 나은 선택이었다. 하지만 한번 부모의 품을 떠난 이상 되돌아가기가 쉽지 않았고 또한 그래서는 안 된다는 생각이 강하게 들었다. 이로써 50대에 패러사이트 싱글이 되는 위험한 선택을 피할 수 있었다.

우리는 모름지기 일정 시점이 되면 홀로서기를 해야 한다. 어렵고 힘든 길이라는 이유로 포기하고 성인이 되어서까지 부모의 품에 안겨 있다면, 그 미래는 절망적이다.

이제는 부모를 버려야 한다

제5장

우리에게 99세 노인의 자살을 막을 자격이 있는가

집에서 간병을 받던 할머니는 99세가 되자 돌연 식사를 거부했다. 죽음을 결심한 것이다. 아들은 다급히 구급차를 불렀고 모친은 그날로 병원 신세를 져야 했다. 가족이야말로 빨리 죽고자 하는 당사자의 간절한 바람을 가로막는 원흉이기도 하다.

죽음을 각오하고
실천했던 나의 조모

자녀의 역할이 부모를 버리는 것이라면 부모가 해야 할 일은 무엇일까?

단도직입적으로 말하자면 '빨리 죽는 것'이다. 제3장에서 살펴보았듯이 궁극적인 종활은 빨리 죽는 것으로 귀결한다. 죽으면 "자식에게 부담을 주고 싶지 않다"라는 고령자의 희망도 이루어지고 사실상 자녀의 고생도 줄어든다. 그러나 고령자가 죽으면 남은 가족이 곤란해지는 복잡한 사연을 지닌 집도 있어 빨리 죽는 것이 그리 쉽지만은 않다.

옛날 사람들은 빨리 죽기 위한 방법을 터득하고 있었던 모양이다. 나는 조모의 죽음을 통해 그 사실을 깨달았다. 조모와는 오랫동안 함께 살았으나 어떠한 인생을 살아왔는지 자세히 알지 못한다. 당신의 이야기를 입 밖에 꺼내지 않는 분이었기 때문이다. 조모는 1880년대에 태어나 내가 대학생 때 세상을 떠났다. 고향은 시코쿠 에히메현 이마바리시 근처의 기쿠마라는 마을이었다. 나는 몇 년 전 기쿠마 마을을 방문할 일이 있었는데, 조모는 고향을 떠난 후 거의 왕래가 없었는지 생전에 나를 데려간 적도 없거니와 고향과 관련된 추억담을 들은 적도 없었다. 따라서 기쿠마 마을에서 조모의 친인척을 만나지 못했다.

도쿄제국대학의 영문학과를 졸업한 조부는 나쓰메 소세키와 아쿠타가와 류노스케의 후배에 해당한다. 그러나 앞서 말했듯이 조부는 내가 대여섯 살쯤에는 이미 치매에 걸려 있었고 초등학교 1학년 때 72세를 일기로 별세했다. 고로 나는 자라면서 조부보다 조모의 영향을 많이 받았다. 조모는 연극을 좋아해서 가부키 7대 후손인 나카무라 시칸의 팬이었다. 어렸을 때 가부키에 관심이 없었는데도 내가 그 시대의 명배우를 잘 아는 까닭은 조모를 따라 TV를 봤기 때문이다. 그리고 특히 불교와 절을 대하는 가치관에 조모의 영향이 크게 작용했다.

나는 25년쯤 전 교토의 한 출판사를 통해 《계명 − 왜 일본인은 사후에 이름을 바꾸는가》(현재 《왜 일본인은 계명을 붙이는가》로 제목을 바꿔 지쿠마쇼보에서 출간)라는 책을 출간한 바 있다. 어머니가 그 책을 읽은 후 조모가 생전에 말하던 내용과 아주 비슷하다고 전해 주었다.

조모는 전쟁 당시 조부의 고향인 도치기현 사노 지방으로 피난을 갔는데, 선조 대대의 위패를 모신 절의 주지 스님이 악독해서 사사

이제는 부모를 버려야 한다

건건 시주를 명목으로 금품을 요구했다고 한다. 그 이후 절에 불신이 생긴 조모는 조부가 돌아가셨을 때 인근 절에 묘지를 마련하고도 계명은 단호히 거절했다. 다행히 그 절의 주지는 이해심이 많은 사람이라 자신은 아직 충분히 수행을 쌓지 못해 계명을 지을 수 없노라 말해 주었고, 조부는 속명 그대로 매장되었다. 그 후 계명을 하지 않는 것이 우리 집안의 전통이 되었다.

조부보다 연상이었던 조모는 89세까지 장수했는데, 내가 대학교 2학년이던 해 경로의 날(매년 9월 셋째 주 월요일에 노인을 경애하고 장수를 기원하는 날_옮긴이) 밤중에 화장실에서 쓰러졌다. 당시 부모님이 오사카 이케다시에서 조모를 모시고 살던 때라 조모는 이케다 시민병원에 입원했으나 뇌졸중으로 몸이 마비되고 말았다. 도쿄대에는 가을 방학이 있어서 조모가 입원했을 때 나는 오사카의 본가로 내려가 간병을 도울 수 있었다.

조모는 쓰러진 후로 삶의 의욕을 완전히 상실해서 "죽고 싶다"라는 말을 내뱉었다. 몸을 마음대로 움직일 수 없게 된 현실에 분통을 터뜨렸다. 쓰러지기 전까지 조모는 무척 정정했다. 내가 기억하기로는 병을 앓거나 병원을 오간 적도 없었다. 그만큼 불시에 뇌졸중으로 쓰러져 몸이 마비되었다는 사실이 화가 나서 견디기 힘들었을 것이다. 조모는 그런 상태로 계속 살아 봐야 의미가 없다고 생각했는지 식사도 제대로 하지 않았다.

아마 조모가 세상을 떠난 날이나 그 전날의 일이었으리라. 내가 병원에서 식사를 거들던 중 조모가 목이 메어 음식을 넘기지 못했다. 그로부터 시간이 한참 지나서야 어쩌면 그때 조모는 빨리 죽기 위해 식사를 거부했던 것일지도 모르겠다는 생각이 들었다. 조모는 쓰러지고 나서 한 달도 지나지 않은 10월 11일에 눈을 감았다.

사실 우리 가족에게도 간병은 쉽지 않은 일이었다. 당시에는 어머니도 일을 나갔고 누이들은 아직 고등학생과 중학생이었다. 간병을 시작한 지 한 달이 가까워지자 가족들에게 지친 기색이 나타났다. 아주 오래전 일이지만 가족들이 점점 힘들어했던 것으로 기억한다. 조모가 '빨리 죽는 것'을 실천해 준 덕분에 가족의 부담은 줄어들었다. 조모의 죽음을 자살이라고는 할 수 없지만 '각오한 죽음'이었다는 사실만은 틀림없다.

조모는 죽는 방법을 알고 있었다. 그것은 19세기에 태어난 여인이 세상을 떠나는 방법이었는지도 모른다.

이제는 부모를 버려야 한다

연명 대신
고통 완화에 집중하는 스웨덴

조모가 쓰러진 것은 지금으로부터 40년도 더 지난 일이다. 만약 요즘 시대 같았다면 조모는 틀림없이 연명 치료를 받았을 것이다. 병원에 입원하면 자연히 그 수순을 밟게 된다. 어쩌면 조모는 더 살아서 90세를 넘겼을지도 모른다. 하지만 그랬다면 조모는 병상에서 꼼짝도 못 한 채 분한 마음으로 목숨을 이어가는 나날을 보내지 않았을까. 적어도 본인이 원하는 삶의 모습은 아니었으리라 생각한다.

병원은 사람을 살리는 곳이지 사람을 죽게 내버려 두는 곳이 아니다. 병원에 근무하는 의사는 어떻게든 환자의 질병을 치료하고 살리고자 애쓴다. 의학에서는 아직까지 사람을 죽게 하는 방법에 대해 가르치지 않는다. 그런 연유로 연명 치료가 이루어지고 있는 셈인데, 이는 어디까지나 '치료'의 일환일 뿐 '연명' 자체가 본래의 목적은 아니다. 어떻게든 병을 고치기 위해 취하는 여러 조치가 결과적으로 연명을 시키고 있는 것이다.

그런데 단지 연명 치료만이 오늘날 '빨리 죽는 것'을 방해하고 있는 요인은 아니다. 2015년 6월에 출간된 미야모토 겐지 · 미야모토 레이코의 저서 《서구에는 몸져누운 노인이 없다 – 스스로 결정하는 인생 최후의 의료》라는 책에 구체적인 내용이 담겨 있다.

이 책의 공동 저자는 내과의 부부다. 남편인 겐지는 홋카이도 중앙산재병원장, 아내인 레이코는 사쿠라다이 아스카병원의 치매종합지원센터장으로 삿포로에서 '고령자 종말기 의료를 생각하는 모임'을 결성하여 활동 중이다. 두 사람은 2007년 스웨덴으로 시찰을 다녀온 후 일본의 종말기 치료에 의문을 느끼기 시작했다.

일본에서는 자기 힘으로 식사하지 못하는 고령자에게 링거나 경관영양으로 수분과 영양을 공급한다. 경관영양이란 코에 튜브를 삽입하거나 위에 구멍을 내는 위조루술을 통해 영양을 공급하는 방법이다. 그러나 스웨덴에서는 인위적인 방법으로 영양을 공급하는 대신 환자 스스로 먹고 마시는 능력에 맡긴다. 그로 인해 환자의 영양이 저하하거나 탈수 증상이 생기더라도 고통 없이 편안하게 죽을 수 있다. 무의미한 연명 치료 대신 통증을 가라앉히는 완화 치료에 집중하기 때문이다.

일본에서는 삼키는 능력이 떨어진 고령자가 입안과 음식물의 세균이 폐로 들어가서 생기는 '흡인성 폐렴'을 되풀이하며 죽는 경우

이제는 부모를 버려야 한다

가 많다. 흡인성 폐렴으로 고통을 호소하는 환자가 많아지자 어떻게 예방할지가 중요한 과제로 대두되고 있다. 반면에 스웨덴에서는 이 정도로 상태가 악화하기 전에 환자가 사망하여 흡인성 폐렴으로 고생할 일이 없다. 두 저자는 무의미한 연명 치료가 도리어 환자를 괴롭히고 있으며, 평온한 죽음을 맞이하기 위해서는 현 의료 체제를 전면적으로 개선해야 한다고 주장한다.

환자가 빨리 죽으면
경영이 어려운 병원

사실 무의미한 연명 치료의 문제점은 예전부터 지적되었다. 1990년에 출간된 오쿠마 유키코의 《몸져누운 노인이 있는 나라 없는 나라 – 진정한 풍요를 향한 도전》이라는 책에서 이미 스웨덴과 일본의 의료 현장을 비교한 바 있다.

오쿠마 유키코와 미야모토 부부의 책이 출간된 이후 의료 체제 개선에 공감하는 목소리가 높아졌으나 의료 현장에서는 여전히 링거와 경관영양으로 환자를 연명시키고 있다. 최근에는 위조루술을 비판하는 의견이 많아지면서 지양하는 추세지만, 그 대신 튜브영양과 중심정맥영양이 늘고 있다. 중심정맥영양이란 상대적으로 칼로리가 높은 영양물을 공급하기 위해 피하 정맥에 직접 주사하는 방식인데, 당연히 일반 링거보다 통증이 심하고 염증이 생기기 쉽다.

왜 이러한 실정은 개선되지 않는 것일까? 미야모토 레이코는 병원의 경영 문제와 관련이 있다고 지적한다. 요미우리 신문사가 주최한 제7회 '요미우리 의료 살롱'(2015년 11월 28일) 인터뷰에서 미야모토 레이코는 "현재 요양 병상의 절반 이상, 아니 70~80%는 경관영양이나 중심정맥영양으로 연명하고 있는 사람들입니다. 따라서 링거와 경관영양을 시행하지 않거나 중단할 경우 환자는 약 2주 만에 사망하고, 결과적으로 빈 병상이 늘어나 병원 경영이 어려워집니다"라고 밝혔다. 또한 중심정맥영양이나 24시간 지속 링거를 투여하고 인공호흡기를 사용할수록 진료비가 비싸진다는 사실도 무관하지 않다. 결국 환자는 병원 측의 형편 때문에 무리하게 연명하고 있는 것이다.

위와 같은 이유로 종말기 의료에는 뿌리 깊은 문제가 존재한다고 볼 수 있다. 다만 정부에서 매년 높아지는 의료비 문제를 해결하기 위해 장기 입원할 경우 '입원 기본료 점수'를 낮추는 정책을 시행하면서부터 사정이 바뀌고 있다. 입원한 날부터 2주간은 진료비에 일정 금액을 가산하여 책정하지만 15일째부터는 단계적으로 낮아지고 30일이 넘으면 가산을 하지 않는 방식이다. 즉, 장기 입원 환자가 많을수록 오히려 병원 경영에 악영향을 미친다. 하지만 이 정책과는 상관없이 연명 치료를 중단하고 싶어 하는 환자의 바람은 여전히 실현되지 않고 있다. 왜냐하면 환자 본인의 의지와는 달리 가족이 환자를 죽게 내버려 두지 않기 때문이다.

원하는 대로
죽을 수 없다

환자의 죽음과 가족의 관련성을 실감할 수 있는 TV 다큐멘터리가 있다. 2013년 11월 23일에 방송된 NHK 스페셜 〈치매 800만 명 시대 - 어머니와 아들 3,000일의 간병 기록〉이라는 프로그램이다. 당시 77세였던 NHK PD 출신 남성이 치매 노모의 간병 체험을 직접 영상에 담은 다큐멘터리다.

남성은 집에서 죽음을 맞고 싶다는 어머니의 희망에 따라 재택 간병을 하고 있었다. 그런데 어머니가 99세가 되자 돌연 식사를 거부했다. 아들이 음식을 입에 가져다 대도 어머니는 식욕이 없는지 입을 열려고 하지 않았다. 나는 그 영상을 보며 내 조모를 떠올렸다. 이 남성의 어머니 역시 죽음을 각오한 것이다. 계속 식사를 거부하면 자택에서 죽고 싶다는 희망을 이룰 수 있다. 하지만 아들은 밥을 먹지 않으면 큰일이 난다며 다급히 구급차를 불렀고 어머니는 그날로 병원에 입원했다. 이제 다시는 집으로 돌아가지 못하게 되었다. 의사가 앞으로 똑같은 사태가 벌어질 가능성이 있다며 환자를 퇴원시킬 수 없다고 선고했기 때문이다. 그렇게 집에서 죽음을 맞이하고 싶다는 희망은 무너져 어머니는 끝내 병원에서 숨을 거두고 말았다. 아들은 어머니의 뜻을 이뤄드리지 못했다며 슬퍼했고 다큐멘터리에 함께 출연한 의사들도 동정의 메시지를 보냈다. 하지만 나는 어머니의 희망을 무너뜨린 장본인은 바로 그 남성이라고 생각했다.

사람에게는 '죽을 때'가 있다. 하물며 그 모친은 99세였다. 어쩌면 아들은 어머니가 100세까지 사시기를 바랐을 수도 있다. 그로써 오랜 세월 간호한 보람을 느끼고 싶었는지도 모른다. 그러나 가족이야말로 빨리 죽고자 하는 당사자의 간절한 바람을 가로막는 원

흥이기도 하다. 다큐멘터리의 남성은 이에 해당하지 않겠지만 간병인에게 수입이 없거나 극히 적어서 환자의 연금에 의존하는 경우라면 더욱 죽게 내버려 두지 않는다. 본인을 위해서가 아니라 간병하는 사람의 사정 때문에 죽어 가는 고령자가 하루하루 목숨을 부지한다.

연금 제도에 가입할 경우 65세 이상이면 정기적으로 연금을 받는다. 연금의 종류, 가입 기간 등에 따라 다르나 2013년 기준 월평균 지급액은 국민연금이 5만 4,544엔, 후생연금이 14만 5,596엔이었다. 1년으로 환산하면 국민연금이 65만 4,528엔, 후생연금이 174만 7,152엔이다. 결코 많은 금액은 아니지만 연금은 당사자가 살아 있는 한 평생 지급된다.

현재 국가적 차원에서 실시하는 간병보험도 있기는 하지만 과연 이러한 제도가 앞으로도 건재할지는 미지수다. 재정 적자가 늘어나 정부는 막대한 빚을 지고 있기 때문이다. 현재로서는 적자국채로 빚을 충당하고 있으나 경제학자 미즈노 가즈오에 따르면 저축 증가세가 꺾일 경우 더 이상 빚을 질 수 없어 적자 국채 발행도 불가능해진다고 한다. 미즈노 가즈오에게 직접 들은바 저축 증가세가 둔화되는 시점은 머지않았다. 어쩌면 그렇기 때문에 중앙은행이 국채를 계속 매입하고 있는지도 모른다.

《70세사망법안, 가결》,
《인구조절구역》

이러한 현실에 근거하여 사회적으로 비용이 많이 드는 고령자를 몰살한다는 내용의《70세사망법안, 가결》과《인구조절구역》이라는 소설도 간행되었다.

《70세사망법안, 가결》은 2012년에 출간된 가키야 미우의 소설이다. 어느 날 정부가 '70세사망법안'을 제출하여 강행으로 통과시키고, 몇 년 후 그 법안이 효력을 발휘한다는 상황에서 전개되는 이야기다. 물론 정부가 이렇게 무자비한 법안을 만든 이유는 의료비와 사회보장비를 단번에 절감하기 위해서다. 법안이 통과되자 부모를 간병하던 사람들은 힘겨운 생활이 끝나기만을 손꼽아 기다리며 카운트다운을 시작한다. 그런데 드디어 간병에서 해방되겠다고 기뻐하는 사람 중에는 이미 60대가 넘은 이들도 많다. 간병에서 해방되더라도 이번에는 자신이 70세가 되어 죽을 위기에 직면한다. 이때 사람은 어떤 행동을 취할까? 이 소설은 '인생의 마지막을 어떻게 완수하는가'라는 어려운 주제를 다루고 있다.

두 번째 소설 《인구조절구역》은 SF의 거장이라고 불리는 쓰쓰이 야스타카의 소설답게 냉소적인 작품으로 완성되었다. 이 소설에서도 70세가 경계선으로 설정되었다. 정부는 고령자 인구를 조절하기 위해 70세 이상 노인끼리 서로를 살해하는 '노인 상호 처형 제도(실버 배틀)'를 실시한다. 지역 단위 배틀에서 마지막까지 생존하는 사람만이 그 후에도 살아갈 수 있다. 설령 부부건 노인정 친구건 상관없이 살아남는 사람은 단 한 명뿐이다. 따라서 평소에 가까웠던 사람끼리도 목숨을 노릴 수밖에 없다. 정해진 시점에 두 명 이상 생존했을 경우에는 정부의 관할하에 모두 처형된다. 우리에게 친숙한 '쓰쓰이 야스타카의 세계'에서 노인 간의 생존 게임이 장대하게 펼쳐진다.

물론 현실에서 이런 법률이나 제도가 생길 리 만무하다. 하지만 70세 이상 고령자가 모두 사라지거나 급감한다면 오늘날 일본 사회가 직면한 심각한 문제는 손쉽게 해결된다. 결과적으로 사회는 활력을 되찾고 개인 차원에서도 인생을 간병에 허비하는 일이 없어진다. 게다가 국가가 공식적으로 고령자를 처형하므로 간병 살인은 발생하지 않는다. 독자는 소설의 설정이 황당무계하고 기상천외해서 현실감을 느끼지 못하면서도, 한편으로는 고령자가 모두 사라지면 더욱 활기 넘치는 사회가 될지도 모르겠다는 생각이 머리를 스친다. 특히 고령자를 간병하느라 지친 사람이라면 현실에서도 70세 사망법안이 통과되면 좋겠다고 무심코 바랄지 모른다.

소설 속 이야기는 매우 참혹하지만 지금은 이런 책이 세상에 나와도 빈축을 사지 않는 시대다. 작가들이 '짐승만도 못하다'고 손가락질받았다는 소문은 듣지 못했다. 요즘 말로 '악플'이 쏟아졌다는 이야기도 없다. 시대가 변해 고령자의 비율이 더욱 늘어나면 이보다 훨씬 과격한 소설이 탄생해서 사회적으로 물의를 빚을지도 모른다.

사람이 여간해선 죽지 않는 사회에는 예기치 못한 불편함이 따르게 마련이다. 그리고 그 불편함은 앞으로도 계속 늘어날 것이다.

1969년에 노인 고독의 해결책으로
자살을 권한 의사

'빨리 죽는 것'에 관해 논하려면 안락사와 존엄사를 언급하지 않을 수 없다. 안락사와 존엄사는 사람의 죽음이라는 중대한 사안과 관련된 만큼 엄밀하게 정의할 필요가 있는데, 불치병에 걸렸을 경우 육체적인 죽음이 찾아오기 전에 의도적으로 죽음을 앞당기는 행위를 안락사 및 존엄사라고 한다.

제2장에서 소개했듯이 일본에서는 일본 존엄사 협회가 존엄사의 법제화를 요구하고 있으나, 장애인 단체 등의 강력한 반대에 부딪혀 현재로서는 실현되지 않은 상황이다. 국회에 법안이 제출되기 직전이라는 말도 있지만 아직 해결해야 할 난제가 남아 있다.

일본 존엄사 협회의 전신은 '일본 안락사 협회'로, 그 창립자 중 산부인과 의사이자 산아 제한의 필요성을 주장하며 자궁 내 피임 기구를 개발한 오타 덴레이라는 인물이 있다. 오타 덴레이가 일본 안락사 협회를 설립한 이유는 노년에 대한 그의 독특한 가치관 때문이다.

오타 덴레이는 일본 안락사 협회를 설립하기 전인 1969년 《사상의 과학》지에 〈노인의 고독〉이라는 칼럼을 실었다. 그 칼럼의 내용은 지금 읽어도 상당히 과격하다. "사회에 민폐를 끼치며 장수하는 사람이 많다", "직설적으로 말하면 사회 활동도 못 하고 아무런 도움도 안 되는 인간이 살아가는 것은 사회적 죄악이자 그 대가가 고독이라고 생각한다"라고 말하며 노인이 사회에 얼마나 무익한 존재인지, 노년에 고독한 상황에 처하는 것이 어째서 당연한지를 지적하고 있다. 심지어 "노인 고독의 가장 좋은 해결책으로 자살을 권하고 싶다"라며 노인에게 자살을 권장하기까지 했다.

오타 덴레이는 그보다 이전인 1963년에도 《사상의 과학》지에 〈안락사의 새로운 해석과 합법화〉라는 글을 발표한 바 있다. 이것이 향후 일본 안락사 협회의 결성으로 이어졌는데, 자신의 생각을 더욱 심화하여 "자살을 긍정적으로 생각하자"에 이른 것이다. 오타 덴레이는 "자유사상에 따르면 자살은 개인의 자유이자 권리이다. 노인이 더 이상 살아갈 가치가 없다고 자각한 시점에 스스로 목숨을 끊는 것은 사회적 인간이 할 수 있는 최선의 행위다"라고까지 주장했다.

요즘 사회에서 이런 말을 꺼낸다면 뭇매를 맞을 것이다. 또한 만년에 건강이 악화되어 요양 생활을 한 오타 덴레이를 두고 왜 자살하지 않느냐며 비난을 퍼부을지도 모른다. 그런데 놀랍게도 오늘날 세계의 동향은 오타가 주장한 방향대로 흘러가고 있다. 아니, 그보다 더 앞서가고 있다고 해도 과언이 아니다.

살기 싫어진 사람의
자살을 돕는 네덜란드

2014년 미국의 29세 여성이 안락사로 사망하여 큰 화제가 된 적이
있다. 화제가 된 이유는 그 여성이 죽을 날을 정한 후 인터넷상에
예고했기 때문이다. 여성은 말기 악성 뇌종양을 진단받았다. 회복
될 가능성이 없는 데다 두통이 극심해서 스스로 죽음을 선택한 것
이다. 그녀는 전 세계가 주목하는 가운데 의사에게 처방받은 약물
을 복용하고 숨을 거뒀다.

존엄사가 법제화되지 않은 나라에서는 상상하기 힘든 일이지만,
미국의 일부 주에서는 이를 법적으로 허용하고 있다. 이렇게 중요
한 법까지 각 주에서 결정할 수 있다는 점이 미국과 일본 사회의 확
연한 차이를 보여 준다.

이 여성도 본래 안락사를 허용하지 않는 주에서 살다가 오리건
주로 이사했다. 오리건주에서는 여명 6개월 미만의 책임 능력이 있
는 말기 환자가 의사에게 처방받은 약물을 직접 투여해서 죽는 것
을 허용한다. 해당 주 법이 제정된 1998년부터 2013년까지 15년간
752명이 이 법률에 근거하여 죽음을 선택했다. 1년간 약 50명이 안

락사로 사망한 셈이다. 오리건주의 인구가 약 383만 명(2010년)인 점을 감안하여 일본에 적용할 경우 연간 1,600명에 가까운 사람이 안락사를 선택할 것으로 예상된다.

미국에서는 오리건주 외에도 워싱턴주, 몬태나주, 버몬트주, 뉴멕시코주 등이 이 법률을 채택하고 있다. 그만큼 안락사를 희망하는 사람이 많다는 의미로 해석할 수 있다. 이 밖에도 '빨리 죽는 것'을 개인의 선택으로 인정하고 쉽게 실현할 수 있도록 제도화한 국가가 바로 네덜란드다. 네덜란드는 매매춘과 마리화나를 합법화한 곳으로 유명하다. 역시 개인의 자유를 철저히 존중하는 국가라는 생각이 드는 한편, 안락사를 허용한 배경에는 네덜란드의 독특한 의료제도가 있다는 사실도 간과할 수 없다.

네덜란드는 2002년 안락사를 법적으로 허용했다. 이때 중요한 역할을 하는 사람이 '홈닥터(가정의)'다. 네덜란드에서는 공적인 건강보험에 가입할 때 자격을 갖춘 의사와 반드시 계약해야 하는데 그 의사를 홈닥터라고 한다. 만약 홈닥터와 계약한 사람이 불치병에 걸린 후 연명 치료를 거부하거나 중단하고 싶다는 의사를 표명하면, 홈닥터는 환자의 희망에 따라 안락사를 실현할 수 있도록 도와준다.

이제는 부모를 버려야 한다

이것까지는 일반적인 안락사나 존엄사와 다를 바 없지만 네덜란드는 여기에서 그치지 않는다. 불치병에 걸리지도 않고 여명 선고를 받지도 않은 사람이 더는 살고 싶지 않다고 할 경우 홈닥터가 평안한 죽음을 맞이할 수 있도록 조력하는 것이다. 일반적인 안락사가 아니라 '자살 방조'나 다름없다. 물론 본인의 의지는 바뀔 수 있으므로 홈닥터가 아닌 다른 의사와도 면접을 해야 한다. 그런데도 본인의 의지가 확고하다면 자택이나 간병 시설 등에서 치사량의 마약, 마취제, 근이완제 따위를 투여받아 고통 없이 생을 마감할 수 있다. 그리고 홈닥터는 마지막 순간까지 환자를 지켜보아야 한다.

안락사 허용이
자살률을 낮추는 이유

안락사는 일반적으로 '소극적 안락사'와 '적극적 안락사'로 구분된다. 소극적 안락사는 연명 치료를 중단하는 행위, 적극적 안락사는 치사 약물을 투여하는 행위를 가리킨다. 네덜란드의 경우는 적극적 안락사이며 심지어 대상자가 불치병 환자인지 아닌지는 상관하지 않는다. 다만 홈닥터의 입장에서는 합법적인 살인 내지 자살 방조를 하는 것이므로 절대로 쉽게 허락하지 않는다. 의사의 본업은 사람을 치료하는 일이지 죽이는 일이 아니기 때문이다.

홈닥터는 처음부터 지정되어 있어서 중간에 바꿀 수 없다. 따라서 홈닥터가 안락사를 허락하지 않은 사람은 '자기 안락사'를 시도한다. 자기 안락사를 지원하는 단체에서 홈닥터를 거치지 않고 치사약물을 입수할 수 있는 방법 등을 전수하기도 한다. (네덜란드의 안락사에 관해서는 누데시마 지로의《미래의 죽는 법》에 자세히 소개되어 있다.)

이러한 현실은 오타 덴레이가 생전에 주장했던 내용과 흡사하지만, 결정적인 차이점은 미국과 네덜란드에서는 안락사의 대상을 노인에 국한하지 않는다는 점이다. 젊은 사람도 본인의 의지가 확고하면 안락사를 선택할 수 있다. 더구나 네덜란드에서는 질병과는 관계없이 죽고 싶을 때 죽을 수 있도록 허용하고 있다. 존엄사 법안조차 마련되지 않은 국가에서는 현실적으로 네덜란드와 같은 체제가 확립될 가능성은 없어 보인다.

한편, 일본에서는 오랫동안 자살이 심각한 문제로 여겨져 왔다. 연간 자살자 수가 3만 명을 넘은 해도 있었다. 금융위기가 발생한 이듬해라서 경제 불황과 관련하여 논의되기도 했다. 그 후 자살자

이제는 부모를 버려야 한다

수는 3만 명 아래로 떨어져 약 2만 5,000명 선에서 머무르고 있으나, 통계에 포함되지 않은 숫자를 감안하면 실제 자살자는 더욱 많으리라는 추측도 나온다. 참고로 국가별 자살률 순위를 살펴보면 일본은 170여 개 국가 중 17위인 반면, 안락사를 시행하는 네덜란드는 87위로 상당히 낮은 편이다. 적극적 안락사를 허용하면 자살자 수가 기하급수적으로 늘어나지 않겠느냐는 우려도 있지만 통계치를 보건대 속단하기에는 이른 듯하다. 네덜란드와 같은 방식이라면 안락사를 시행하기 전에 반드시 홈닥터와 상담을 거쳐야 하므로 자살하려는 사람의 마음을 돌리는 사례가 생길 것이고 결과적으로 자살률을 낮추는 효과도 기대할 수 있다.

미국과 네덜란드 외에 안락사를 법적으로 인정하는 국가는 스위스, 벨기에, 룩셈부르크다. 벨기에와 룩셈부르크는 네덜란드와 함께 베네룩스 3국을 이루고 있다. 또한 최초로 미국에 건너간 청교도는 네덜란드에서 출항한 사람들이다. 공통점은 모두 개신교 국가라는 점이다. 스위스는 가톨릭의 비율이 높으나 칼뱅이 종교개혁을 주도한 나리다. 안락사의 허용은 개인의 의사를 최대한 존중한다는 뜻이며 이는 개인의 신앙에 최대의 가치를 두는 개신교의 사상과 맞닿아 있다. 그런 점에서 안락사의 허용에는 종교적 풍토의 영향이 큰 것으로 보이나, 현재 선진국을 중심으로 전 세계가 개인의 의사를 존중하는 방향으로 움직이고 있다.

누데시마 지로는 네덜란드 사람들에 대해 "의사에 의한 안락사나 자살 원조를 선택할 수 있기 때문에 말기 환자가 되는 것에 불안을 느끼지 않는 사람이 많다"라고 서술한다. 실제로 안락사의 실행 여부와는 상관없이 안락사가 최후의 선택지로 남아 있다는 사실이 죽음을 앞에 둔 이들의 고통을 덜어 준다.

자살률이 높은 국가에서는 자살을 예방하기 위한 각종 대책을 쏟아내고 있다. 그러나 그 대책은 어디까지나 사회 전체를 위한 정책이지 자살을 희망하는 개개인의 인간을 대상으로 한 정책은 아니다.

우리에게 99세 노인의 자살을
막을 자격이 있는가

네덜란드와 같은 방식이 허용된다면 자살 희망자는 미리 본인의 뜻을 밝혀야 하므로 누가 자살을 하려는지 사전에 파악할 수 있다. 그러면 주위에서 생각을 돌리도록 설득하거나 당사자를 궁지로 몰아넣은 문제를 함께 해결하는 길이 생길지도 모른다.

그런데도 본인의 의지가 확고하다면 타인에게 피해를 주지 않는 방법으로 죽음을 선택할 수 있다. 때때로 예기치 않은 자살로 인해 주변에 막대한 피해를 끼치는 경우가 있는데, 이러한 결과는 아마 자살하는 사람도 원하지 않았을 것이다. 그런데 일본 사회에서는 이에 관해 적극적으로 논의하려고 하지 않으며 대책을 세우려는 움직임조차 없다. 감정론이 지배적으로 작용하기도 한다.

일찍이 '뇌사'를 둘러싼 논의가 있을 때도 마찬가지였다. 뇌사가 통상적인 죽음과 다른 것은 분명하다. 신체는 아직 살아서 활동하는데 이것을 인간의 죽음으로 정의하기에는 무리가 있다. 그런데도 뇌사 판정을 요구하는 것은 이식 의료 때문이다. 이식 의료의 시비에 관해서는 여러 의견이 있으나 여기서는 넘어가기로 한다. 만약 이식에 의해 자신의 장기가 계속 쓰이기를 바라는 사람이 있는데 그 사람이 뇌사 판정을 받는다면 문제는 없다. 혹은 이식에 도움이 되었으면 하는 바람으로 가족이 뇌사를 받아들이겠다고 하는 경우라면 역시 문제 될 소지는 없다고 생각한다. 뇌사를 인간의 죽음으로 인정하느냐 마느냐를 논의하기 때문에 공연히 문제가 복잡해져 본론에서 멀어질 뿐이다.

앞에서도 살펴봤듯이 우리는 지나치게 장수하는 시대에 살고 있다. 그리고 여러 가지 상황에서 이 현실을 감당하지 못하고 있다.

2016년 3월 7일, 효고현 고베시의 스마 해안에서 99세 여성의 시체가 발견되었다. 그 여성은 생전에 옆 도시에 사는 가족에게 "100세가 될 때까지 살고 싶지 않다. 주변에 사람 하나 없이 고독하게 사는 것이 싫다"라는 심정을 털어놓았다. 또한, "노인들끼리 모여도 어울리지 못한다"라고도 했다(《산케이신문》·《교토신문》, 2016년 3월 8일자 조간).

요즘에는 지자체에서 100세까지 사는 노인에게 경사라며 축의금을 보내 준다. 그런데 이 여성에게는 100세까지 사는 것이 결코 경사스러운 일이 아니었다. 사실 100세쯤 되면 가족도 친구도 대부분 세상을 떠난 상태이고, 연령이 너무 높아 아래 세대 고령자와도 어울리기 힘들다.

만약 누군가가 이 여성이 자살하려는 현장을 목격하고 목숨을 구했다면 과연 그 행동을 선(善)이라고 말할 수 있을까? 삶의 의미를 상실한 99세 노인에게 과연 어느 누가 새로운 활력을 불어넣어 줄 수 있을까? 그게 가능한 사람만이 이 여성의 목숨을 구할 자격이 있

이제는 부모를 버려야 한다

는 것 아닐까? 우리는 바야흐로 '어떻게 빨리 죽을지'를 고민해야 하는 시대에 살고 있다.

제 6 장

이제 효도할
이유도 여력도 없다

예전에는 부모가 자녀에게 많은 것을 물려주었다. 특정 기술을 물려주고 함께 일하면서 노하우를 가르쳤다. 그러나 현대사회의 가정에서 부모에게 받는 은혜는 상당히 제한적이다. 돈을 들여 학원에 보내는 것도 해 줄 게 별로 없기 때문이다.

산업화가 만들어 낸
'고향'이라는 단어

현대에 많은 것이 소멸되고 있듯이 '고향'과 '본가'도 비슷한 운명에 놓여 있다. 고향과 본가의 상실은 아직 크게 주목받고 있지 않지만, 가정의 힘이 약해짐에 따라 필연적으로 생기는 현상이다.

'토끼 쫓던 그 산'으로 시작하는 〈고향〉이라는 창가가 있다. 1914년에 초등학교 6학년용으로 발표된 이 창가는 일본인이라면 누구에게나 익숙한 곡이다. 이 곡은 아름다운 고향의 자연을 노래하고 그곳에서 함께하던 가족과 친구를 그리워하는 내용이다. 이러한 창가에 감정을 이입하는 사람이 많았던 까닭은 근대 사회에 고향을 떠나 먼 곳에서 생활한 이들이 수없이 존재했기 때문이다.

지금도 〈고향〉을 듣고 감상에 젖는 사람들이 많다. 그러나 나는 고향이라고 부를 만한 곳이 없어 감정이입이 되지 않는다. 따라서 이 노래를 다 함께 부르는 상황에 마주치면 퍽 당황스럽다.

일본은 메이지시대에 근대화를 추진하여 경이로운 속도로 실현했다. 메이지유신으로부터 채 30년도 지나기 전에 청일전쟁에서 일본이 승리한 것을 보면 근대화가 얼마나 급속도로 진행되었는지 짐작할 수 있다.

근대화는 곧 산업화와 공업화를 의미한다. 산업화와 공업화가 진행되면 새로운 산업에 종사하기 위해 지방에서 도시로 노동력이 이동한다. 1950년대의 고도 경제성장기에는 이례적인 대규모 이동이 이뤄졌으며 다이쇼시대(1912~1926)에도 비슷한 현상이 일어났다. '다이쇼 데모크라시(1910~1920년대 일본의 정치·사회·문화계에서 생겨난 민주주의적 운동과 풍조_옮긴이)'라는 말이 생길 정도로 화려한 도시 문화가 탄생하며 인구가 도시에 집중되는 사태가 발생했다.

이와 같은 산업화와 공업화의 파도를 타고 도시로 향한 사람들은 저마다 마음속에 고향을 간직했다. 사람들은 도시에서 새로운 터전을 잡고 살아가며 이따금 자신이 떠나온 고향을 떠올렸고 〈고향〉의 가사는 이들의 심금을 울렸다. 그 이후 〈고향〉의 가사에 감정을 이입하는 사람들이 서서히 늘어나 1950년대에 폭발적으로 증가했다. 도시 인구의 대다수가 지방 출신이라 개개인의 마음속에 고향이 자리했기 때문이다.

그때 어쩌면 〈고향〉이라는 노래는 제2의 국가였는지도 모른다. 실제로 〈고향〉을 국가로 지정하자고 주장하는 사람들까지 생겼다. 고향이라고 부를 곳이 없는 나로서는 도저히 이해하기 힘들지만 당시 〈고향〉이 국가로 적합하다고 느낀 사람은 많았다.

이제
고향은 없다

도시로 나온 사람들은 초반에는 생활에 쫓겨 마음껏 고향에 돌아가지 못했다. 그런데 얼마 후 경제 발전으로 생활이 풍족해지자, 역시 경제성장기에 발달한 기차를 타고 고향으로 '귀성'했다. 이런 움직임은 자동차 대중화 시기 이후 더욱 가속화하여 명절마다 대규모 귀성 전쟁이라는 현대판 풍경을 빚어냈다.

귀성한 사람들은 자신들이 어린 시절을 보낸 '본가'로 돌아가서 머문다. 일부러 호텔이나 여관을 예약하는 귀성객은 없다. 애당초 귀성을 하는 목적이 본가를 방문하는 것이므로 본가와 고향, 귀성은 한 짝을 이뤘다. 많은 사람이 고향에 내려간 김에 성묘를 했으니 본가와 고향, 성묘도 하나의 짝이었다. 그리고 귀성하는 날에 맞춰 성인식과 동창회를 열기도 했다.

요는 고도 경제성장기 이후 많은 이들에게 고향이 생겼다는 것이다. 그 시기에 생긴 가요에도 고향이 단골 소재로 등장했다. 〈고향〉이라는 창가에서 노래하듯이 고향은 도시에서 성공한 사람들이 금의환향하는 장소이자 도시 생활에 실패하여 마음에 상처 입은 사람들을 따스하게 맞아 주는 공간이었다. 아직까지 일부 아침 드라마에서는 고향이 실패한 사람들의 마음을 어루만져 주는 공간으로 묘사되고 있는데, 어쩌면 이것은 현실이 아닌 노래와 드라마 속에서나 볼 수 있는 환상이었는지도 모른다.

고향이 '고향'일 수 있는 까닭은 본가가 그 자리에 있기 때문이다. 본가는 부모가 사는 집이기 때문에 귀성했을 때 그곳에 머물 수 있는 것이며 당연히 숙박에 대가를 치를 필요는 없다. 그리고 무엇보다도 귀성한 사람에게 본가는 마음 편히 머물 수 있는 장소다.

하지만 부모가 세상을 떠나면 본가도 사라진다. 물론 집을 물려받아 장남의 식구가 살 수도 있지만 형제들은 점차 드나들기 불편해진다. 그곳은 더 이상 마음 편히 머물 수 있는 장소가 아니다. 장남의 집이 된 순간 이제 본가라고 부르기 어렵다. 만약 그 집에 머물기가 멋쩍어서 다른 곳에 숙박하면 이번에는 형이 서운해한다. 상황은 점점 복잡하게 꼬인다. 그러면 귀성 자체가 불편해지고 고향과 거리감이 생기며 결국 귀성하는 빈도가 줄어들어 완전히 단절된

이제는 부모를 버려야 한다

다. 이렇게 고향은 영원히 사라져 간다.

나는 어렸을 때 이와 관련된 경험을 한 적이 있다. 나의 큰아버지는 장가를 들기도 전에 젊은 나이로 세상을 떠났다. 큰아버지는 조부의 고향인 도치기현 사노시에 묻혔다. 아버지는 초등학생인 나를 데리고 사노시로 가서 유골을 도쿄로 이장하는 작업을 했다. 큰아버지의 유골을 이장한 까닭은 사노라는 마을이 이미 오래전부터 아버지에게 고향이 아니었기 때문이다. 따라서 도쿄 출신의 부모에게서 나고 도쿄에서 자란 나에게는 고향이라는 개념이 존재하지 않는다. 아마 지금도 때마다 고향에 돌아가는 사람들은 이해하기 힘들지도 모른다.

우리 집안에서 상당히 오래전에 겪은 '고향의 상실'을 지금 많은 사람이 경험하고 있다. 부모가 죽고 본가가 사라지면 이제 고향은 존재하지 않는다. 요즘의 귀성 전쟁은 정말로 귀성객 때문에 벌어지는 일인지 의문이 들 때도 있다.

만날 이유가 없는
형제자매

〈고향〉이라는 창가가 불리기 시작한 후 사람들은 고향이 영원히 존재할 것이라고 믿어 의심치 않았다. 그러나 고향은 결코 영원히 존재하지 않는다. 어쩌면 특정 시대에만 존재했을 뿐 그 이전에도 고향은 없었는지도 모른다.

물론 본가가 사라져 더는 머물 곳이 없어도 동창회가 열리면 참석하는 사람이 있다. 같은 학교에 다녔던 친구들은 언제나 그립다. 그만큼 동창회에 참석하려고 귀성하는 사람이 많다. 하지만 동창회가 거듭되어도 참석하는 인원이 비슷비슷해서 첫 모임의 신선함은 없어진다. 나이가 들수록 동창회의 화제는 각자의 건강 문제로 옮겨가고 점점 불만을 토로하는 모임으로 변한다. 그러면 동창회에도 발길이 뜸해진다. 그때 비로소 〈고향〉이라는 노래가 암시하듯, 고향이란 멀리 떨어져 있을 때 가장 아름답다는 사실을 깨닫는다.

이와 마찬가지로 본가가 사라지면 형제자매의 인연도 멀어진다. 본가가 없으면 형제자매가 모일 장소도 마땅치 않은 데다 제사 문화가 사라지고 있는 오늘날은 더욱 만날 명분이 줄어든다.

형제자매는 같은 부모 밑에서 함께 성장하며 어린 시절에 밀접한 관계를 맺는다. 그러나 성인이 되면, 적어도 어느 한쪽이 결혼해서 새로운 가정을 꾸리면 그 관계는 급속도로 소원해진다. 귀성할 집이 있을 때는 같은 시기에 본가로 돌아가서 만나기도 하지만, 고향이 없는 사람에게는 형제자매와 만날 기회가 극히 드물다. 꼭 만나야 할 이유가 없는 것이다.

이런 상황에서도 형제자매의 인연이 되살아나는 경우가 있다. 바로 보증인을 부탁할 때다. 대출을 받거나 집이나 가게를 빌릴 때 형제자매 외에는 보증을 부탁할 사람이 없는 탓이다. 보증인을 세우려면 그 사람의 수입이 중요하기 때문에 대개는 남자 형제에게 부탁한다. 이렇게 생각하면 형제는 매우 든든한 존재라고 할 수 있지만, 안타까운 사실은 이런 이유가 아니면 만날 일이 거의 없다는 점이다.

현실이 이렇게 된 데는 회사원 사회로 변한 영향이 크다. 예를 들어 형제끼리 농사를 짓는다면 날마다 일을 하면서 부대껴야 한다. 어업이나 자영업을 하는 집안에서도 마찬가지다. 그러나 형제자매가 모두 회사원이라면 같은 처지에서 공감은 할 수 있을지언정 업무상 관계를 맺을 일은 전무하다. 그러면 아무리 어렸을 때 돈독한 사이였더라도 점차 만나야 할 필연성이 사라진다. 만약 사는 지역이 멀리 떨어져 있다면 두말할 나위도 없다.

부모의 유산을 둘러싸고 형제자매끼리 마찰을 자주 빚는 까닭은 일상적인 관계가 결여되어 있기 때문이다. 일상적인 관계가 있으면 그 관계를 유지하기 위해서라도 서로 양보하고 타협하지만, 그렇지 않다면 오로지 자기 잇속에만 관심이 쏠린다. 따라서 유산 분배가 나눠 먹기 경쟁으로 변질되는 것이다.

비정규직 증가에 따라
회사에 대한 충성도 줄어들었다

오랜 세월 전통 사회를 지탱해 온 기본적인 도덕관념은 유교의 덕목인 '충'과 '효'였다. 충은 자신이 모시는 군주에 충성을 다하는 것, 효는 부모를 성의껏 섬기는 것을 의미한다. 다만 "충을 다하려고 하면 효를 못다 하고, 효를 다하려고 하면 충을 못다 한다"라는 말에서 알 수 있듯이 때로는 충과 효가 대립하기도 한다. 어느 쪽을 우선해야 하는지 명확하게 구분되는 것이 아니기 때문이다. 그런데도 전통 사회에서는 군주 또는 자신이 속한 조직에 충성을 바치는 동시에 부모에게도 효행을 실천하도록 끊임없이 강조해 왔다.

충은 무사 사회의 기본적인 덕목이었으나 막부가 무너진 이후에는 왕을 향한 충성이 강조되었다. 메이지시대에 들어서자 일본 국민은 왕에 충성을 다하는 '충민'으로 자리매김했다. 이러한 충의 관념은 제2차 세계대전 이후 구시대의 도덕이자 무의미한 가치로 여겨지기 시작했지만 그 정신은 다른 형태로 이어졌다.

조직에 속하는 사람들, 특히 회사원은 종신고용을 보장하는 기업에 충성을 다하게 된 것이다. 사원은 자신의 모든 것을 바쳐 회사를 위해 일했다. 회사는 단순히 개인이 일하고 급여를 받는 데서 끝나는 조직이 아니었다. 사원이 충성을 다함으로써 그 안에 공동체의 성격이 생겨났다. 이른바 촌락공동체의 대체물로 기능하게 되었다.

이것은 자연스러운 흐름이었다. 사원 중에는 지방에서 도시로 올라온 사람이 많아 촌락에서 살 때의 생활 규범이 회사에도 반영된 까닭이다. 그 특징은 관혼상제에서 더욱 잘 나타난다. 예컨대 사원이나 사원의 가족이 사망할 경우 회사는 마을 상조회 역할을 대신했다. 사원들이 접수와 안내를 담당하고 참석자도 회사 관계자가 대다수였다. 고인과는 일면식이 없더라도 업무상 관계가 있는 사람들이 장례식에 참석하거나 소속 팀끼리 부의를 모아 대표자가 전달하기도 했다.

또한 중매결혼이 활발했던 시대에는 상사가 부하의 결혼 상대를 소개하는 일이 많았다. 중매에 성공하면 상사는 결혼식을 책임지고 진행했다. 옛날 일본 영화를 보면 이와 같은 장면이 자주 나온다.

그러나 이러한 문화는 비정규직 고용이 증가하면서 크게 달라졌다. 일본 기업의 특징으로 간주되는 종신 고용과 연공서열은 현재까지 어느 정도 이어져 오고 있지만, 비정규직 노동자에게는 해당하지 않는다. 이에 따라 관혼상제도 점차 회사에서 관여하지 않는 추세로 바뀌고 있다. 최근에 장례가 간소해진 이유도 회사 관계자들이 참석하지 않게 된 영향이 크다.

그런 의미에서 충이라는 관념은 사회적 중요성을 잃어 가고 있다. 사원이 회사에 충성을 다했던 이유는 그 대가로 오랜 기간 생활이 보장되었기 때문이다. 반면에 안정적인 일자리를 기대하기 힘든 오늘날은 사원이 회사에 충성을 다할 필요도 없어졌다.

부모의 은혜가 줄어든 만큼
효의 의무도 줄어들었다

한편, 효의 가치도 떨어지고 있다. 그 이유는 부모가 자녀에게 물려주는 것이 점점 줄어들고 있기 때문이다. 회사원 가정에서는 자녀에게 교육의 비용을 제공하지만 고유의 기술이나 기능을 전수하지는 않는다. 지위나 직책을 물려주는 것도 불가능하다. 예전에는 부모가 자녀에게 많은 것을 전수하고 물려주었기에 열심히 효행을 실천했다. 기술의 대물림에 의지할 수밖에 없는 자녀들은 그만큼 부모를 공경했다. 효행은 결코 대가 없는 애정의 발로가 아니다.

제4장에서 언급했듯이 자녀는 부모의 양육을 받지 않으면 혼자서 성장할 수 없다. 이 사실은 예나 지금이나 마찬가지다. 교육 역시 환경이 조성되지 않으면 자녀가 스스로 기회를 얻기 힘들다. 그런 점에서 자녀가 부모의 '은혜'를 입은 것은 틀림없는 사실이다. 그러므로 자녀는 응당 부모에게 효도해야 한다고 생각할지도 모르지만, 예전보다 부모에게서 받는 은혜가 줄어든 만큼 효를 실천해야할 필요성도 줄어들었다.

말하자면 요즘 사회에서는 충과 효의 가치가 상실되고 있다. 충성을 바쳐야 할 상대와 조직도 없어지고, 자녀는 무조건 효도를 해야 한다는 의무도 사라지고 있다. 그럼에도 부모의 간병을 자녀가 책임져야 한다는 가치관은 여전히 팽배하다. 간병을 자녀의 당연한 의무라고 생각하지 않는 사람이 늘어나고 있지만 사회적 체면 때문에 요양 시설에 위탁하지 않고 부모를 자택에서 간병하는 사람도 많다. 더구나 정부의 정책은 재택 간병을 권장하는 방향으로 움직이고 있다.

그러나 이러한 사고방식은 점차 시대에 뒤떨어진다는 느낌을 주고 있다. 사람들이 신경 쓰는 '세상'의 힘이 약해지고 있는 까닭이다. 일례로 장례식에 참석하는 이유로 '체면'을 꼽는 사람이 있다. 장례식에 불참하면 체면이 안 선다고 생각한다. 과거에는 분명 장례식이 지역에서 가장 중요한 행사였으며, 고인과 인연이 있던 사람은 빠짐없이 참석해야 한다는 분위기가 형성되었다. 실제로 장례식에 빠지는 사람도 거의 없었다. 그때는 장례식에 참석하지 않으면 왜 오지 않았느냐고 비난을 받기도 했다. 관계자의 장례식에 가지 않는 것은 상상하기 힘들었다.

반면, 지금은 도시를 중심으로 이러한 문화가 사라지고 있다. 장례식에는 무조건 참석해야 한다는 가치관이 약해지고 있는 데다 참

이제는 부모를 버려야 한다

석자를 소수로 제한하는 가족장이 확산되는 추세다. 일반적인 장례식에서도 밤을 새우며 종일 함께 있지 않고 잠깐 식장에 들러 얼굴을 비치는 정도에 그친다. 누가 참석했는지 부의 내역을 보면 알 수 있지만 요즘에는 참석자를 일일이 확인하지 않는다. 부의에 대한 감사를 전하기 위해 명부를 만들기도 하나 최근에는 당일 조문객에게 답례품을 전하는 방식도 생겨났다.

이제는 장례식에 참석하든 안 하든 누구도 관심을 두지 않는 시대다. 이에 따라 세상의 체면을 신경 쓸 필요도 없어졌다.

물려줄 가업이 없는
부모들

현대사회에서는 '세상 체면'이라는 말 자체가 점점 사어화(死語化)되고 있다. 애초에 세상이 구체적으로 무엇을 가리키는지 모호하거니와 그런 불확실한 대상을 신경 써 봐야 의미가 없기 때문이다. 또한 우리가 지금까지 당연하게 생각했던 것들이 점차 당연함을 잃어 가고 있다. 일본 사회는 불과 수십 년 사이에 몰라보게 달라졌다. 근본적인 변화를 겪는 과정이라고 해야 할지도 모른다.

　이렇게 변화하는 사회에서 살아가려면 가치관도 근본적인 전환이 필요하다. 현재 진행 중인 변화를 막는 일은 불가능하다. 예컨대 앞으로 1인 가구 수가 줄어들거나 가족의 규모가 확대될 가능성은 극히 낮다. 이것은 사상의 문제도 아닐뿐더러 이념의 문제도 아니다. 오늘날 가족의 형태와 사람들의 라이프 스타일이 크게 달라진 이유는 하나의 '흐름'이 만들어졌기 때문이다. 이 흐름은 근대화이자 고도 자본주의사회의 도래라 할 수 있다. 물론 근대화에 따른 각종 폐해가 나타나면서 오늘날 고도 자본주의사회의 일면에서는 난관에 봉착하기도 했다. 하지만 그렇다고 뒤로 물러날 수는 없다. 우리가 할 수 있는 일은 앞으로 한 발자국 더 나아가는 것뿐이다.

　앞서 여러 번 언급했듯이 자녀는 성장하는 과정에서 부모의 은혜를 입게 마련이다. 어엿한 성인으로 자라려면 부모의 보살핌이 필요하다. 이것은 부인할 수 없는 사실이다. 다만 현대사회의 가정에서 부모에게 받는 은혜는 상당히 제한적이다. 지금의 부모는 자녀의 교육에 힘을 쏟고 돈을 내고 노력을 들인다. 많은 부모가 상당한 돈을 들여 자녀를 학원에 보내고 늦은 밤마다 데리러 간다. 그런데 이처럼 교육에 힘을 쏟는 이유는 부모로서 자녀에게 해 줄 수 있는

이제는 부모를 버려야 한다

것이 별로 없기 때문이다. 현대의 가정에서는 부모가 자식에게 전수해 줄 수 있는 자산에 한계가 있다. 자녀에게 특정 기술을 물려준다거나 함께 일하면서 노하우를 가르쳐 주지도 못한다. 게다가 자녀의 취직에 부모가 아무런 힘을 보태 줄 수 없다. 예전에는 부모가 지인에게 부탁해서 알음알음으로 자녀의 직장을 구해 주는 경우가 많았다. 그러면 최소한 취업하는 사람의 신분은 보증되었기 때문이다. 하지만 요즘에는 사회 분위기상 부모의 소개로 입사하기도 어려워졌다. 낙하산 입사의 시대가 지난 지금은 주위에서 비난을 받기 십상이다.

만약 부모가 자녀의 교육에 쓴 비용이 곧 자녀가 부모에게서 받은 은혜라고 한다면, 그 은혜는 어떻게 갚으면 좋을까. 물론 교육 외에도 길러 준 은혜를 무시할 수는 없다. 그러나 현대의 가정에서는 그 은혜의 무게가 상대적으로 가볍다. 더구나 교육에 많은 돈을 투자하는 것은 비교적 풍족한 가정에 한하며, 그렇지 않은 가정에서는 사교육에 많은 비용을 지출할 수 없는 상황이다. 즉, 성인이 되어 부모의 품을 떠날 때 과한 은혜를 느낄 필요는 없다.

현대사회는 부모의 은혜 자체가 사라지고 있다고 해도 과언이 아니다. 자녀가 부모의 은혜를 사무치게 느끼고 평생 어떻게든 보답해야 한다고 생각하는 시대는 지났다. 그렇다면 부모의 간병 문제가 생겼을 때, 자녀는 은혜에 보답해야 한다는 의무감으로 자신을 희생하면서까지 간병에 뛰어들 필요는 없는 것 아닐까?

도시의 가정에는
조상이 존재할 수 없다

자녀는 일정 시점에 자립하여 혼자 힘으로 생활하다가 결혼하고 부모에게서 떠난다. 부모도 자녀가 성인이 되면 함께 살기를 바라지 않고 자기만의 인생을 찾는다. 이것이 오늘날 부모와 자녀가 지향해야 할 바람직한 모습이라고 생각한다.

동일본대지진이 발생하기 두 달 전, 나는 《사람은 홀로 죽는다 - 무연사회를 살아가기 위해》라는 책을 간행했다. 부제에서 알 수 있듯이 NHK 스페셜 방송 〈무연사회〉에서 모티브를 얻은 책으로, 방송 내용에 대한 비판도 다소 담겨 있다. 그런 책을 NHK 출판에서 간행한 것이 이례적일지도 모르지만 다행히 많은 독자의 관심을 얻었다.

이제는 부모를 버려야 한다

다만 지진을 계기로 '유대'의 중요성이 강조되는 분위기가 형성되어 이 책의 존재는 금세 묻히고 말았다. 저자로서는 복잡한 마음이 들지만 개인적으로는 방송이 보여 준 것처럼 무연사와 고독사를 너무 두려워할 필요는 없다고 생각했기에 그 점을 서술하겠다는 바람은 이룬 셈이다.

이것은 시대의 큰 흐름과 관련이 있다. 사람들은 근대 이후 여러 제약이 많은 촌락공동체에서 벗어나 자유로운 도시에서 살기를 희망해 왔다. 특히 1950년대에는 지방에서 도심으로 대규모 노동력의 이동이 있었는데, 그 흐름을 타고 고향을 떠나온 사람들은 도시가 주는 자유에 매료되었다. 도시로 나온 지 얼마 안 되었을 무렵에는 자리를 잡고 성공해서 고향으로 돌아가겠다고 생각했을지도 모르지만, 도시에서 성공하면 다시 여러 제약이 있는 고향으로 돌아갈 마음이 없어진다. 삶이 쓸쓸해졌을 때 창가 〈고향〉을 비롯한 지방에서 나온 사람들의 처지를 노래한 가요 따위를 읊으며 위안으로 삼았다. 간혹 귀성을 하더라도 곧바로 도시로 돌아왔다. 고향에 눌러앉아 평생 지낼 마음은 좀처럼 들지 않았다.

도시로 나온 사람이 결혼하고 아이를 낳아서 꾸린 가정은 고향에 있는 가정과는 성격이 매우 다르다. 도시의 가정은 여전히 가족들이 편히 쉴 수 있는 공간이지만 영속성을 지니지 않는다. 50여 년이 지나면 소멸해 버리는 참으로 연약한 존재다. 지은 지 50년 된 집은 대규모 개조를 통해 새로운 거주 공간으로 탈바꿈할 수 있을지 몰라도 인간으로 구성된 현대의 가정은 개조 공사조차 불가능하다. 농촌에 사는 사람은 가정이 그토록 짧은 기간에 소멸한다는 사실을 받아들이기 힘들어한다. 그러나 도시 사람은 소멸에 대한 감각이 무디며 도리어 대대손손 이어져 오는 가정에서 개인에게 가해지는 부담을 꺼린다.

가정이 무거운 존재였던 시대에는 '조상의 벌'이라는 말이 자주 쓰였다. 영적 능력자라고 자처하는 무당이 조상에게 공양하지 않으면 재앙이 있을 것이라고 집안사람을 협박했다. 만약 그 집에 불행이 계속되면 협박을 받는 사람도 자신이 조상에 대한 공양을 게을리 한 탓이라고 믿어 무당에게 돈을 주고 굿을 치렀다.

한때는 TV에 무속인이 등장해서 조상의 벌과 공양의 중요성을 강조하곤 했다. 하지만 지금은 무속인이 TV나 잡지에 등장하는 일이 없어졌다. 가정이 영속성을 잃고 연약한 존재가 되어 조상이라는 존재가 소멸한 사회에서는 조상의 벌이라는 협박도 현실성을 잃은 것이다.

이제는 부모를 버려야 한다

이는 도시 생활의 자유를 상징하는 사건이기도 하다. 도시에서 새롭게 생겨난 가정에는 조상이 존재하지 않는다. 이에 따라 조상을 공양하는 불단도 만들지 않는다. 대가족 사회에서는 상상할 수 없는 일이지만 기껏해야 50여 년 지속되는 현대의 가정에서는 조상이 생기기 전에 가정이 먼저 사라지고 만다.

가령 그 집에서 고인이 생기면 묘지는 만들더라도 집 안에 불단을 두지는 않는다. 도시 사람은 집에 불단을 두고 공양하는 행위를 기피해서 1년에 한두 번 성묘를 가는 것으로 끝내려고 한다. 고인은 집에서 멀리 떨어진 곳에 있는 편이 좋다고 무의식중에 바란다. 그런 형태의 가정을 만들어 온 도시 사람은 마지막에 1인 가구가 되어 홀로 죽는 상황을 받아들여야 한다. 물론 외로울지도 모르겠지만 다른 사람과 함께 사는 번거로움을 생각하면 혼자 지내는 삶도 나쁘지 않다. 그리고 이렇게 홀로 살다가 마지막에 홀로 죽음을 맞이하는 것은 지극히 자연스러운 일이다.

가정이 붕괴한 시대,
더 이상 간병은 자녀의 몫이 아니다

이제는 가정 사회가 아니다. 가정은 사회생활의 기본 단위라는 인식조차 사라졌다. 가정은 한 사람의 인간처럼 홀연히 태어나서 홀연히 소멸한다. 인생에 유년기·청년기·장년기·노년기가 있듯이 현대의 가정에도 시기의 변화가 있다. 그 변화를 모두 경험했을 때 가정은 사라진다. 가정이 이토록 약해졌다는 말은 그 가정에서 살고 있는, 혹은 살았던 부모와 자녀의 관계도 깨지기 쉽다는 뜻이다. 형제자매 간의 관계는 말할 나위도 없다.

가정과 가족의 관계가 약해진 이상 사람은 홀로 살아가고 홀로 죽는 수밖에 없다. 현재 상황에서 자녀에게 간병을 기대하는 것 자체가 터무니없는 일이다. 자녀는 간병의 의무를 다할 필요가 없으며 부모 역시 자녀에게 간병을 기대해선 안 된다.

실제로 상황이 닥쳐서 부모를 버리는 것은 어려운 일이고 또한 심리적으로도 부담스러운 일이다. 우리가 해야 할 일은 그러한 사태를 만들지 않기 위해, 그 이전에 부모와 자녀가 홀로서기 하는 것이다.

버리지 않으면 내가 버려진다

자립하지 못하면 살아갈 수 없는 것이 생태계의 기본적인 규칙이며 인간도 예외는 아니다. 자녀가 힘들어진다는 사실을 알더라도 이를 악물고 버려야 한다. 만약 때를 놓치면 이번에는 자신이 나이 들었을 때 자녀에게 버림받게 된다.

후카자와 시치로의 단편소설 《나라야마 부시코》는 1956년에 발표되어 제1회 중앙공론 신인상을 받았다. 《나라야마 부시코》는 노인을 산속에 버린다는 기로(棄老) 전설에 바탕을 두었으며 영화로 두 차례 제작된 바 있다.

두 번째로 영화화된 작품은 이마무라 쇼헤이 감독의 손을 거쳐 1983년에 개봉되었다. 제목은 소설과 동일한 〈나라야마 부시코〉였는데, 산에 버려지는 노파를 연기한 사카모토 스미코는 당시 아직 40대였던 터라 감독의 지시로 앞니를 뽑고 촬영했다. 그 노력이 통했는지 칸 국제영화제에서 황금종려상(최고상)을 받았는데, 수상 소식보다도 연기를 위해 앞니까지 뽑았다는 배우의 혼에 대단히 놀랐던 기억이 난다.

소설과 영화에 등장하는 마을에는 70세 노인을 나라야마의 산꼭대기에 버리는 풍습이 있다. 마을에 식량이 부족하여 먹는 입을 줄이기 위해서였다. 실제로 전통 사회에 노인을 버리는 풍습이 있었는지 확인할 수 있는 역사적 증거는 없다. 그러나 각지에 유사한 전설이 남아 있으며 현재 나가노현에는 오바스테야마(姨捨山, 노파를 버리는 산이라는 뜻_옮긴이)라고 불리는 산도 있다. 오바스테는 역이나 고속도로 휴게소 이름으로도 쓰이고 있어서 아마 그리 낯선 이름은 아닐 것이다.

역사적 사실 여부와는 관계없이 기로 전설이 생겨난 까닭은 그만큼 과거에는 먹고살기가 어려웠기 때문이다. 그런데 가만히 생각하면 이것은 궁색한 변명처럼 느껴진다. 왜냐하면 나이가 들면 대체로 식사량이 줄어들뿐더러 옛날에는 노인이 한 명 있다고 큰돈이 들지도 않았기 때문이다. 따라서 집에서 가장 돈이 안 드는 노인을 굳이 버릴 필요가 있었는지 의문이다.

그에 비해 현대사회의 고령자는 비용이 드는 존재다. 식비는 별로 들지 않겠지만 혼자 생활하는 고령자가 늘어날수록 집세와 전기세, 가스비 등의 부담이 커진다. 무엇보다 간병비와 의료비도 나이가 들수록 더 많이 소요된다. 경제적인 관점에서 보면 버려야 하는 쪽은 옛날 노인이 아니라 현대의 고령자다.

전통 사회에서 노인은 재산과 권위를 자식에게 물려주고 자신은 은거하여 조용히 살았다. 때로는 비교적 젊은 나이에 물러나 제2의 인생을 화려하게 보내는 사람도 있었다. 에도시대의 문인 마쓰오

이제는 부모를 버려야 한다

바쇼와 이하라 사이카쿠, 측량가 이노 다다타카 등이 이에 해당한다. 이노 다다타카가 은거한 나이는 49세로 비교적 많았는데 그 후에 일본 전국을 돌아다니며 지도를 만들었다.

일반적으로 은거한 노인은 그 가문 조상의 위패를 모신 방에 들어가서 노후를 보냈다. 물론, 갑자기 쓰러져 간병을 해야 하는 상황도 생겼지만 의술이 발달하지 않은 시대에는 한번 쓰러지면 그리 오래 살지 못했다. 즉, 노인을 간병하는 일은 가족에게 큰 부담이 되지 않았으며, 3대나 4대가 한집에 살아 식구 수가 많았기 때문에 한두 명이 전적으로 간병에 매달려야 하는 일은 없었다. 그런 면에서도 옛날에는 굳이 노인을 버릴 필요가 없었다.

그런데 현대사회에서는 간병해야 할 고령자가 증가하는 반면, 각 가정의 힘은 약해지고 있다. 간병 수위가 높은 고령자를 모시는 가정과 개인은 모든 일상을 희생할 수밖에 없는 가혹한 상황에 놓인다.

물론 의료보험이나 간병보험에 가입하면 부담은 줄어들지만, 막대한 사회복지 비용으로 정부의 재정이 악화하면서 이를 어떻게 삭감할지가 문제시되고 있다. 앞으로 의료와 간병에 필요한 예산은 매년 삭감될 전망이며 늘어날 여지는 없어 보인다. 게다가 어린이집 확충 등에 예산을 써야 한다는 목소리가 높아지면서 고령자를 위한 복지 예산은 한층 줄어들 것으로 예측된다. 현 상황은 매우 가혹하고 그 가혹함은 앞으로 더욱 심해질 것이다.

몇 해 전 프랑스 경제학자 토마 피케티의《21세기 자본》이라는 책이 세계적으로 열풍을 일으키며 여러 나라에서 베스트셀러에 올랐다. 이 책에서 인상 깊었던 부분을 소개하자면, 한때 선진국에서 경제 격차가 줄어든 것은 경제성장의 은혜이며, 현재 격차가 벌어진 이유는 저성장 시대에 돌입했기 때문이라는 내용이다. 그렇다면 앞으로 격차를 더 벌리지 않기 위해서는 경제가 성장해야 하고 각국 정부가 주도하는 성장 전략이 필요해진다. 그러나 세계화가 진행된 오늘날은 선진국만이 경제성장의 은혜를 입는 시대가 아니다. 이제 세계 시장에서 경쟁이 이루어지기 때문에 선진국 국민만이 높은 임금을 받는 것도 아니다.

일본에서 2016년 초 마이너스 금리를 도입한 배경에는 10년 후 경제 규모가 지금보다 축소하리라는 전망이 있다. 더구나 일본은 이미 인구 감소 사회에 돌입하여 고령자는 늘어나는 반면, 경제활동 인구는 계속해서 줄어들고 있다. 이런 상황에서는 경제 발전을 기대하기는커녕 심각한 침체를 각오해야 한다.

피케티의 모국인 프랑스에서는 제2차 세계대전이 끝난 1945년부터 1975년까지 경제성장이 이어져 '영광의 30년'이라고 불린다. 일본에서도 비슷한 시기에 '고도 경제성장'이 일어나 패전의 타격에서 회복하는 동시에 물질적 풍요를 누릴 수 있었다. 이에 따라 '1억 총중류(1970년대 일본의 인구 약 1억 명이 스스로 중류층이라고 생각하던 인식_옮긴이)'라는 말까지 생겨나 경제 대국으로서의 위상을 갖추게 되었다. 그러나 영광의 30년도, 1억 총중류도 이미 지나간 과거일 뿐 두 번 다시 똑같은 현상이 일어날 가능성은 없다. 경제는 침체하고 격차는 더욱 벌어지며 중류는 사라질 운명에 놓여 있다. 요컨대 우리는 앞으로 매우 혹독한 사회가 닥쳐오리라는 사실을 예측하고 마음의 준비를 해야 한다는 말이다.

그러려면, 우리는 짐을 덜어 내야 한다. 혹여라도 부모의 간병을 맡게 되면 향후 파멸적인 상황에 직면할 위험이 있다. 간병하는 사람은 물론이고 간병을 받는 사람도 고생 끝에 결국 간병 살인으로 목숨을 잃을지도 모른다. 목숨은 아니더라도 간병으로 말미암아 지극히 평범한 인생마저 포기하게 되는 것은 불을 보듯 뻔하다.

만약 부모를 제대로 된 요양 시설에 모실 경제적 여유가 있다면 그렇게 하면 된다. 하지만 그 정도 여력이 있는 사람은 한정되어 있다. 수입이 웬만큼 있어도 자녀 교육비에 돈을 많이 써서 노후 자금을 모으지 못하는 경우도 많다.

자녀에게 충분한 교육의 기회를 제공하는 것은 부모의 당연한 역할이고, 그로 인해 자녀가 사회적으로 성공하면 자신들의 노후에도 득이 되리라고 생각할지도 모른다. 설령 구체적으로 생각하진 않더라도 이런 마음이 티끌만큼도 없다고 단언할 수 있는 사람은 몇 안될 것이다. 그러나 자녀의 교육에 돈을 투자한 행위가 곧 부모의 은혜가 될 수는 없다. 만약 그 일로 은혜를 갚으라고 요구한다면 자녀로서는 몹시 곤란하게 여길 것이다.

정치가들은 이따금 노력이 보답받는 사회야말로 정치가 지향해야할 목표라고 말한다. 하지만 앞으로의 사회는 그렇게 만만하지 않다. 아무리 애를 써도 노력만으로는 보답받지 못한다. 앞날을 똑똑히 내다보고 파멸하지 않기 위한 전략과 전술을 세우지 않는 한 우리에게 미래는 없다. 지금은 그러한 사회가 되어 가고 있다.

앞으로 우리가 살아갈 사회에는 서바이벌이 필요하다. 어쩌면 제5장에서 살펴본 쓰쓰이 야스타카의 소설 《인구조절구역》이 묘사한 생존 경쟁이 이미 시작되었는지도 모른다. '죽이지 않으면 내가 죽는다.' 다시 한번 강조하지만 지금은 그런 사회로 변화하고 있다.

이제 자녀는 한 사람의 개인으로서 살아가고 부모도 한 사람의 개

이제는 부모를 버려야 한다

인으로서 살아가야 한다. 자녀는 부모에게 기대서는 안 되고 부모도 자녀에게 기대서는 안 된다. 오히려 부모가 자녀에게 해 줄 수 있는 최선의 배려는 일찌감치 자녀를 버리는 것이다. 그렇게 버려진 자녀는 자기 힘으로 살아갈 길을 찾아야 한다.

물론 부모가 자녀를 버린다고 모두가 성공적으로 자립하는 것은 아니다. 하지만 자립하지 못하면 살아갈 수 없는 것이 생태계의 기본적인 규칙이며 인간도 예외는 아니다. 이를테면 자녀가 힘들어진다는 사실을 알더라도 이를 악물고 버려야 한다. 만약 때를 놓치면 이번에는 자신이 나이 들었을 때 자녀에게 버림받게 된다. 이 상황이 자녀를 버리고 나서 자신의 인생을 개척해 나가는 길보다 훨씬 험난하다는 사실을 기억해야 한다.

극작가 하세가와 신의 대표작 중 〈눈꺼풀 속의 어머니〉라는 작품이 있다. 이 작품이 처음 발표된 해는 1930년이다. 이미 90여 년 가까이 지났으나 〈눈꺼풀 속의 어머니〉는 지금도 활발히 상연되고 있다.

극 중의 주인공은 어렸을 때 자신을 버리고 떠난 어머니를 찾아 나서지만, 이미 딸과 함께 살고 있던 어머니는 끝까지 자신의 아들이 아니라고 매정하게 내친다. 한번 자식을 버리면 부모와 자식의 연은 끊어진다. 그 자식이 눈앞에 찾아와 정(情)에 매달려도 여간해선 흔들리지 않는다. 그곳에는 지금의 우리로서는 도무지 내릴 수 없는 단호한 결단과 정을 삼킨 체념이 자리한다. 그렇기 때문에 〈눈꺼풀 속의 어머니〉는 현재까지 여러 예술 분야에서 변함없이 인기

이제는 부모를 버려야 한다

를 얻는 것이리라. 지금은 가부키로도 만들어져 근대에 탄생한 신가부키 대표작 중 하나로 꼽힌다.

생각해 보면 우리 삶에 오랫동안 많은 영향을 미쳐 온 불교라는 종교는 석가모니가 가족을 버리는 데서부터 비롯된다. 생로병사의 고(苦)에 직면한 석가모니는 출가를 결심한다. 인도 사회의 전통이라고도 볼 수 있지만 그 시점에 이미 석가모니는 결혼하여 아들을 두었다는 점에서 처자식을 버린 것이나 다름없다. 더욱이 출가 당시 29세라는 젊은 나이에 부모도 건재했다고 전해지는 것을 보면 석가모니는 부모까지 버린 셈이다. 석가모니의 출가는 그의 가족 입장에서 볼 때 비정한 일인지도 모른다. 더구나 석가모니는 깨달음을 얻은 후에도 가족의 곁으로 돌아오지 않았고 다만 아들인 라훌라만 석가모니의 제자가 되었다고 전해진다. 종교학자인 야마오리 데쓰오의 《붓다는 왜 자식을 버렸을까》라는 책에 자세한 내용이 담겨 있으나 아쉽게도 사람들은 석가모니가 가족을 버린 사실에는 주목하지 않는다.

고백하자면 이 책을 기획한 후 집필하기까지 상당히 애를 먹었다. 주제는 부모를 버린다는 것으로 정했지만 이를 어떻게 표현해야 좋을지, 내 안에서 갈등이 생겨 도무지 원고가 정리되지 않았다.

　그러던 중 〈눈꺼풀 속의 어머니〉와 하세가와 신의 다른 작품이 머릿속에 떠올랐다. 하세가와 신의 작품에 등장하는 인물은 세상에서 벗어나 방랑자로서 살아갈 수밖에 없는 자들이다. 하세가와 신의 작품 외에도 많은 문학, 연극, 영화에서 이러한 인물이 자주 묘사된다.

　그들은 사회 속에서 모범적으로 살아가는 성실한 인간의 삶과는 극단에 위치한다. 성실하지 않은 인간, 즉 방랑자는 자기 혼자의 힘으로 험한 세상을 헤쳐 나가는 수밖에 없다. 본래 성실한 사람이 방랑자가 되는 것은 드문 일이지만, 현대사회의 세상살이가 점점 가혹해짐에 따라 성실한 사람에게도 방랑자와 같이 혼자 헤쳐 나가는 힘이 요구되고 있다.

　그간 나의 종교학 인생에서 중요한 비중을 차지한 연구 과제는 통과의례였다. 통과의례에는 반드시 여러 고행이 수반된다. 부모를 버리는 것은 그중에서도 가장 큰 시련이 될 것이다. 통과의례의 문제와 이를 연결하자 비로소 나는 이 책을 완성할 수 있었다.